Path of Growth:
A Handbook for
College Students' Development

写给大学生的
进阶指南

成长有道

高校思想政治工作创新发展中心（上海交通大学）
上海交通大学大学生发展研究院

组编

上海交通大学出版社
SHANGHAI JIAO TONG UNIVERSITY PRESS

内容提要

本书涵盖了大学生入学后常见的学习、生活和发展等各方面问题，采用了学生提问、教师解答的方式给予指导，并与学生展开探讨。全书分为"专业学习与科学研究""能力提升与全面发展""生涯规划与就业选择""人际交往与亲密关系""心理健康与人格养成"五个部分，共包含 66 个问题，涉及学业指导、日常事务管理、心理健康与咨询、人际关系处理、职业规划与就业指导等主题，具有真实性、针对性、实效性、典型性和可读性等特点，旨在帮助大学生更好地适应校园生活、提早做好生涯规划，从而获得更好的发展。本书适合大学生以及高校从事学生工作的教师阅读。

图书在版编目（CIP）数据

成长有道：写给大学生的进阶指南/高校思想政治工作创新发展中心（上海交通大学），上海交通大学大学生发展研究院组编. 一上海：上海交通大学出版社，2025.1（2025.7 重印）— ISBN 978 - 7 - 313 - 30879 - 5

Ⅰ. G645.5

中国国家版本馆 CIP 数据核字第 2024ZD0549 号

成长有道：写给大学生的进阶指南
CHENGZHANG YOUDAO: XIE GEI DAXUESHENG DE JINJIE ZHINAN

组　　编：高校思想政治工作创新发展中心（上海交通大学）
　　　　　上海交通大学大学生发展研究院
出版发行：上海交通大学出版社　　　　　地　　址：上海市番禺路 951 号
邮政编码：200030　　　　　　　　　　　电　　话：021 - 64071208
印　　制：上海文浩包装科技有限公司　　经　　销：全国新华书店
开　　本：880mm×1230mm　1/32　　　印　　张：9.375
字　　数：199 千字
版　　次：2025 年 1 月第 1 版　　　　　印　　次：2025 年 7 月第 2 次印刷
书　　号：ISBN 978 - 7 - 313 - 30879 - 5
定　　价：68.00 元

本书由"教育部高校思想政治工作创新发展中心（上海交通大学）专著出版资助计划"支持出版

教育部高校思想政治工作创新发展中心（上海交通大学）系列著作·简介

为不断提高大学生思想政治教育工作的针对性和实效性，落实立德树人根本任务，鼓励思政工作者聚焦工作中的难点和前沿问题开展研究工作，总结新时代思想政治工作和大学生成长规律，特推出教育部高校思想政治工作创新发展中心（上海交通大学）系列著作。

著作通过对理论创新、工作案例、特色经验等方面的成果梳理，凝练大学生思想政治教育工作中的经验和体会，促进理论和实践成果的转化应用，切实提升大学生思政工作科学化水平。

编 委 会

序　言

大学是青年学子成长成才的重要阶段。大学期间所接受的教育指导，将会对学生的未来发展产生长远影响。高校要自觉担负起为党育人、为国育才的职责使命，准确把握培养堪当时代大任青年人才的要求，帮助青年学子"扣好人生第一粒扣子"，筑牢理想信念之基；要及时了解学生需求、倾听学生所思所想，为学生释疑解惑，做好学业和人生规划；要深入研究学生成长规律，强化因材施教，实现对学生的全方位培养。

上海交通大学作为我国历史最悠久、享誉海内外的高等学府之一，自成立之初就以培养"第一等人才"为教育目标，为国家和社会培养了大批优秀人才。学校将"价值引领、知识探究、能力建设、人格养成"融为一体，加强学生成长规律研究，深入探索提高人才培养质量的有效途径。在长期实践基础上，学校于2018年成立上海交通大学大学生发展研究院，积极承担教育部高校思想政治工作创新发展中心建设任务，联动校内外力量，开展系统研究与实践，共同致力于破解学生思想政治工作的热点、焦点、难点问题，为提升高校学生思想政治教育质量提供决策咨询。

本书作为上海交通大学大学生发展研究院的理论研究和实践工作成果，体现了一线思想政治工作队伍开展人才培养和学生思政工作的经验凝练和探索思考，汇集了一系列使用的对策和建议。全书涵盖专业学习与科学研究、能力提升与全面发展、生涯规划与就业选择、人际交往与亲密关系、心理健康与人格养成等多方面内容，对大学生成长中普遍存在的困惑和挑战进行深入分析，以学生提问、教师解答的方式予以回应，旨在为广大学生提供一份全面、实用的成长指导手册，为同学们指引方向、启迪智慧。

希望本书为高校教育工作者做好立德树人工作提供有益的参考借鉴，也希望本书成为辅导员与大学生的沟通桥梁，帮助青年学子们更好地面对成长道路上遇到的各种问题，树立正确的人生观和价值观，在新征程上展现青春作为、彰显青春风采。

上海交通大学党委书记　杨振斌

2024 年 9 月

前　言

"师者，所以传道授业解惑也。"教师只有贴近学生，及时洞察学生的内心世界，准确把握学生的思想动态，才能因事而化进行教育，取得事半功倍的教育效果。习近平总书记强调，学生关注的、有疑惑的问题其实也就几大类，要把这些问题掰开了、揉碎了，深入研究解答，把事实和道理一条条讲清楚。以问题为导向为高校思政工作者提升解疑释惑能力指明了行动方向。

当代中国青年大学生出生于Z世代，拥有平视世界的自信与底气，在向世界敞开怀抱的同时，也极易受到来自多元社会思潮的影响。高校辅导员作为大学生思想政治教育的骨干力量，要引导学生"扣好人生第一粒扣子"，想学生之所想、解学生之所困，在为学生答疑解惑的过程中培根铸魂、启智润心，努力培养更多让党放心、爱国奉献、担当民族复兴重任的时代新人。

上海交通大学历来高度重视大学生思想动态研究。2018年12月，学校成立大学生发展研究院（以下简称"大发院"），系统开展大学生发展相关的理论研究、案例研讨、数据采集、协作交流和队伍培训等工作，为本书的出版积累了坚实的理论基础和丰富的实践经验。近年来，大发院秉持"为实践工作而研究"的思路，善于发现问题、敢于正视问题、力求破解问题，通过问卷调查、学生座谈和访谈等形式开展问题大排查，梳理出一份学生关心的成长发展问题清单，并集结了一批育人情怀深、工作经验足、综合素养强的辅导员编写团队，建立了辅导员"同题共答"的工作机制。历经多轮次的案例研讨，大家集中挖掘问题背后的本质困惑，共同商定答疑的框架思路，重点研究如何将对学生的思想引领融入具体问题的答复中，最终形成了这本简洁明了、浅入深出、话语亲切、引人深思的成长指南。

本书以问题为主线，采用你问我答的形式，精选学生成长中面临的 66 个问题，科学划分为专业学习与科学研究、能力提升与全面发展、生涯规划与就业选择、人际交往与亲密关系、心理健康与人格养成等五章，是一本解开学生思想疙瘩、回答"青年之惑"的问答集。同时，书中的内容是高校辅导员实践经验向育人素材转化的生动表达，是上海交通大学思想政治工作队伍集体智慧的结晶，因此也是一本系统总结辅导员"育人之策"的经验集。

希望本书的出版对高校从事有关工作的同仁具有一定的参考意义，也对有类似困惑的同学们以有益启发。

本书编写组
2024 年 9 月

目　录

第一章
专业学习
与科学研究

　　大学生正处于学习的黄金时期，学习是大学阶段的首要任务。然而，由于大类招生、完全学分制、通识教育与专业教育相结合等教育改革政策的推行，部分学生在学习科研方面产生了众多困惑，面临着巨大压力。有的同学从"别人家的孩子"到"泯然众人"，甚至失去信心而"躺平"；有的同学功利性选课，追求"六十分万岁"；有的同学对未来规划不明晰，出现了专业适应性问题；还有的同学由于外在约束力量骤然松绑，放纵自我，导致学习生活顾此失彼。

　　本章内容，将陪伴你探索专业学习和科学研究方面的常见问题，从学习方法、学习态度、专业选择和科研管理等四个方面出发，帮助你优化学习方法，陪伴你重建学习的自信，激发学习科研的热情，涵养专业情怀。

独来独往的我，
需要一个学习伙伴吗？

我是个内向型性格的人，学习和生活都喜欢自己独立完成，但是看到同学们一起学习、一起讨论，大大提高了学习效率，想加入又有点儿"社恐"，我应该怎么办？

来信收悉！进入大学后，我们或许会发现周围"高手如林"，一些基础课程和专业课程难度大、要求高，学习模式和以往有很大的不同，学业压力也扑面而来。从这个来自学习场景的疑惑中能感受到，你对自己有着日臻至善的追求，也正在经历着探索、调整学习模式，适应不同学习节奏的过程。

先要为勤学不怠、下得苦功的你点赞！

与此同时，在图书馆，我们常常看到独自学习到深夜的专注背影，也能看到小组自习室里讨论得热火朝天、思维火花碰撞的场景。那么，"独来独往""性格内向""社交恐惧"，真的会阻碍与同学一起学习的脚步吗？而在讨论是否需要一个学习伙伴之前，我们又是否具备成为一个学习伙伴的能力？我想，我们可以尝试探讨这样两个话题——

第一，"社恐"？"社牛"？性格标签何以定义真实具体的你我？

在"00后""05后"的社交表达中，常常能听到形式不同的"性格名片"。在新同学的自我介绍、各类集体破冰活动上，类似"我是 INFP①""有没有和我一样 ENTJ②""我是'社牛'，欢迎大家随时找我聊天"的开场白或许你曾听过。"你是'I人'③ 还是'E人'④"，似乎成了年轻同学们的"接头暗号"，以此把彼此锁定在同一个频道并迅速共情彼此。"很'社恐'，在工位上不敢工作""很'社恐'，出门都走下水道"，类似的自我调侃式表情包也成了对话框里的常态。

一时间，不少年轻人用类似的性格标签，界定了自己是"哪一类"人。"因为我是'I'人，因为我'社恐'，我难以和同学们一起讨论"，这存在因果关系吗？

---

① INFP 指调停者型人格，是荣格人格理论中的 16 种人格类型之一。其中 I 代表内倾，N 代表直觉，F 代表情感，P 代表依赖。INFP 性格特征包括腼腆、敏感、文静、完美主义以及自卑。
② ENTJ 指指挥官型人格，是荣格人格理论中的 16 种人格类型之一。其中 E 代表外向，N 代表直觉，T 代表理智，J 代表独立。ENTJ 性格特征包括外向、理性、果断和领导力。
③ "I人"的"I"源自"introversion"，指性格比较内敛、内向的人，简单来说就是"社恐"。
④ "E人"的"E"源自"extroversion"，指性格比较外向的人，简单来说就是"社牛"。

　　这些让年轻人如此上头的性格标签，本质上来说，是一种自我报告式的人格表达，用几组符号描述不同的人格类型表现。其中，同学们经常谈及的外向型（extroversion）和内向型（introversion）两个方向，展现的是不同能级的精神能量。在社交媒体上刷屏的人格测试中，似乎我们可以通过简单地回答几组问题，得出"内向"或"外向"的结论。

　　在我看来，人格测试的结果可以参考，但别盲目。对于个体而言，性格标签作为一种社交工具，一种认识自我的方式，具有独特的价值。但也要意识到，别把结论强加于自己。无论是人格特质测试的十几道题，还是日常生活中对内向群体"被动、安静、不主动表达"的刻板印象，都概括不出真实的自我，读不完内心的充盈，我们的性格也并非一成不变。是否有可能，总是下意识地强调自己是"E人""I人"，不断自我暗示"社牛"或"社恐"，我们就会被性格标签"拿捏"，从而以一种无关痛痒、容易消化的方式强化了对自我的"沉默、被动、回避社交"的刻板印象？最终，我们似乎走不出自我固化的怪圈。

　　你看，当我们把目光投向身边具体的人，关注真实、鲜活的个体时，其实不难发现——

　　在各种集体活动中"人来疯"的同学，也可能一个人安静地扎进实验室沉潜钻研。在集体活动中，也有不少内向安静的学生骨干挑起大梁。公认的"社牛"也有夜深"emo"① 的时刻，也有社交能量不足而安静处之的场合。而总是很安静的"社恐"，

---

① emo 是一个网络流行语。包括"丧""忧郁""伤感"等多重含义。也有网友将"emo"解释为英文 emotional（情感的，情绪激动的）的缩写。

也会有被触发在人群中活跃表达的时刻。

人是动态的，生活也总是千变万化的。做性格测试很容易，但向内探索将永无止境，不要用一个"社恐"标签框住了自己的尝试、固化了自我认知。首先，让自己流动起来。

第二，试着成为一个"能处"的人，做彼此的学习伙伴！

与高中生活相比，大学一个很突出的关键词是人际交往。在大学，我们能结交来自五湖四海的新朋友，结识更多性格迥异的个体，遇见有趣的人，甚至可能交到可以陪伴一生的挚友。

很多时候，我们判断一个人是否值得交往，并不是看他的成绩高低或者能力如何，而是看与他相处时，是否感到舒服。相处愉悦的背后，是一个人的真诚、友善和亲和力。也许，这就是大学校园人际交往的不二法则。

独行快，众行远。我们不仅要用"以今日之我，胜昨日之我"的标准不断追求自我进步，还需要用"三人行必有我师"的彼此关照，努力成为"团体冠军的主力队员"，在每一次与人相处，与集体同行中，更好地认识"自我"之于"大我"。我们也终将在与众人共同奔跑的过程中，收获更大的自我成长。因此，成为一个"能处"的人，成为一个他人愿意共同学习和讨论的人，本身就是一种能力。

而当校园场景聚焦到学习时，学习伙伴是我们重要的助力——

一方面，与伙伴一起讨论交流，能让我们收获更全面、深入的理解。在大学课堂上，我们常常有切身的体会，通过与同学们的交流，印象才会更加深刻。因为有不同观点的交流，有疑难困惑的讨论，我们在与伙伴共同学习的过程中，加深了对问题的认识，也时常能创造性地碰撞出新的潜能。

在大学阶段，我们不再是捧着固定的讲义，自我单向灌输大量的知识，而是经常能够通过交流探讨，共同提炼出对问题的新见解。交流讨论，实际上表达的是我们对问题的个人认识。每个人看问题的角度不同，认识问题的逻辑框架也不同，对某一知识点的理解深浅程度也各有差异，即便知识储备再大，也难免存在一定的局限性。因此，无论学何种专业，与同学们一起学习和讨论，他们的不同角度和提出的问题都能够促使我们进行思考。这样的交流过程，相信会让我们对问题的认识和知识的理解更加全面和透彻。

与此同时，碰到没吃透的知识、一时想不明白的问题，或是自己在自习室里百思不得其解的难题，与同学们一起琢磨讨论，总能出现豁然开朗、拍手称快的高光时刻。

另一方面，和伙伴一起学习，我们更能发现彼此身上值得学习之处，在以人为鉴中，找到对标对表的理想状态。这种感觉，有时在跨专业的学习伙伴之间尤为强烈。

当然，依赖他人答疑释惑、讨论跑题消耗时间以及难以独立专注思考，这些问题在不同程度上也客观存在。

所以，回到困惑本身。在讨论是否需要一个学习伙伴之前，或许我们可以先想想，如何成为一个优秀的学习伙伴。

学习这个过程，漫长而丰盈，可以孤独，也需偕行，我们与知识为伴、与伙伴为伍，在深入挖掘与亲身体悟中探索未至之境，体会学习的无尽乐趣。再回头想想，无论性格多么迥异，只要我们对学习怀着同样的热忱，对自我有着更高的要求，都可以同样地更加努力、更加上进、更加勤勉、更加真诚、更加务实。我们可以灵活地切换不同的学习模式，沉浸之、融入之、热爱之。

准备好了吗?

祝你在学习的旅途中发现一个更加优秀的自己。

舒天楚

上课总是走神，
纯靠自学行不行？

我上课总是容易走神，老师的课讲得很好但什么也听不进去。考试前看教材自学也能考个不错的分数，网上也有很多学习资源，我想知道是否可以完全依靠自学？

你的疑问非常真实，且不少同学也有相似的困惑。在这个信息爆炸的时代，我们有许多学习途径和知识获取方式可供选择。课堂学习和自学作为其中两种重要的学习方式，每一种都有其独特的价值和优势。你更关注自学的优势，实际上是在探索一种适合自己的融合型的学习方式。

在你作出决定之前，我们首先要了解课堂学习的意义所在。课堂学习不仅仅是知识的传递，更是一场智慧和思维的碰撞。正如《学记》中所记载的，"君子之教，喻也"。课堂是一个启发思维的场所，老师和同学们的交流能够激发你的思考，引导你去思索问题的本质和意义。

在课堂上，你可以立刻获得老师的解答和指导，从而消除疑惑。这有助于你及时纠正错误，加深对知识点的理解。德国著名教育家阿道尔夫·第斯多惠曾说过，教学的艺术不在于传授本领，而在善于激励唤醒和鼓舞。课堂讨论可以激发深度思考和批判性思维。与同学们的不同观点碰撞，能够引发你对问题的多重角度思考，从而培养独立思考的能力。在与老师和同学们的互动中，你还可以获得多维度的学习体验，从而更深入地理解和应用所学内容。课堂互动是个体认知发展的加速器。老师和同学的及时反馈，能够帮助你更迅速地纠正错误、理解概念，而这种反馈往往在自学中难以获得。

课堂也是锻炼专注力的绝佳机会。课堂可以让你在被动的学习过程中锻炼保持专注的能力，这将对你日后的学习和工作大有裨益。同时，课堂作为一种"沉浸式体验"的学习环境，可以让你沉浸于知识的海洋而不受外界的干扰。这种集中精力的体验有助于你培养深入思考的能力，将知识更好地融入自己的思维框架。

因此完全抛弃课堂学习，仅依靠自学不仅会错失很多学习体验和锻炼机会，更会使你的学习内容变得"营养不良"，有所偏废。老师引导的学习思路能帮助你快速建立知识框架，借助他人的智慧和指导，提升学习效率。经过一位位教学科研工作者打磨、一代代老师教学经验提炼的课堂内容可谓是大浪淘沙后的精华。学习这些"精炼提纯"后的知识不仅节约了学习时间成本，还能让你详略得当、有所侧重地吸收庞大的学科知识。通过课堂上合理的学习节奏、规律性的学习频率、前后呼应的学习脉络，你可以由浅入深、循序渐进地步入知识的深海。

你能通过自学取得不错的成绩说明你是一个理解力很强且善于自我思考的孩子。想要更好地融入课堂、跟上节奏，就需要有意识地培养良好的专注力。保持良好的专注力是大脑进行感知、记忆、思维等认识活动的基本条件。专注力作为一种能力并不是一成不变的，而是可以通过学习和有意识的训练而改善的。你可以参考以下这些思路来提高专注力。

第一，要有明确的学习目标。

古人云："志之所趋，无远弗届，穷山距海，不能限也。"在学习中要学会树立远大志向，并制订达成目标的步骤，在此基础上努力进取，不断提醒自己学习目标的重要性，自觉抵制诱惑，才能缩短理论与实践之间的距离，调整目标与结果之间的偏差。有志者事竟成，只有树立远大志向，并为之不懈奋斗，才能登上成功的巅峰。

第二，调整心态，保持良好的学习状态。

无论是在课堂上还是在自学的过程中，要学会接纳不同的学习状态，尤其是要从心态上认同课堂学习的重要性，从而避免抵触心理导致的学习情绪低落、学习动机消极等现象。提高课堂参与度，专注力自然就提高了。

第三，每次只做一件事。

老子曾言"多则惑，少则得"，人只有明确自己要做什么才能专心地实现，一旦要求多了反而会使人迷惑。在一段时间内只做一件事，并坚持到下一件事项开始，在过程中要避免自己被其他因素所干扰。保持这样的学习模式，不仅可以让我们更容易进入专注的状态，发挥好大脑的机能，长此以往还可以养成按计划学习工作的好习惯。

其实，课堂学习和自学并不是对立的两种选择，而是可以相互融合的学习方式。课堂为你提供了实时反馈、互动交流和专注力训练的机会，帮助你从不同维度更高效地理解知识。而自学则培养了你的独立思考和问题解决能力，使你能够更深入地探索自己感兴趣的领域。

在追求知识的旅程中，不要仅看到两者之间的选择，更要看到它们之间的相互补充。通过将课堂学习与自学有机结合，你能够拓展学习的广度和深度，不断拓展自己的认知边界。愿你在探索知识的征程中，既能体验到课堂的迷人之处，又能掌握自学的技巧，成为一个富有智慧、独立思考的学习者。

刘 可

拼尽全力还是成绩平平，
我还要努力吗？

我上了大学以后，一直保持高中的学习习惯，每天的学习时间安排得很满，但是考试成绩始终提不上去，有时真的想放弃了，我应该怎么办呢？

当你提出这个问题时，或许成绩上的打击使你心灰意冷、怀疑自己，但老师读这封信的时候，看到的是拼尽全力、不轻言放弃的你！在这里请你先感谢入校以来从不松懈、不断坚持的自己。其实，不只是你，很多同学进入大学后或多或少会产生相似的困惑：从小到大都是尖子生，怎么进入大学后课业跟不上、学不会？一直相信努力、勤奋是最好的学习方法，进入大学后为什么这套方法行不通？曾经在学校里是老师关注、同学羡慕的对象，进入大学之后，总感觉自己资质平平，没了当年的底气？

遇到这样的情况，究其原因，要先从分析高中与大学学习特点的异同入手。从学习目标来看，高中时期的学习可以制订很多具体且明确的目标，如在周考/月考中取得第几名；而大学的学习存在更多不确定或更长远而模糊的目标，如本科毕业选择就业还是读研。从学习安排来看，高中时期的学习时间被课堂、考试、作业占满，按部就班地执行便可；在大学，学生需根据学分自主选择课表，安排课余生活。从效果反馈来看，高中通过频繁的考试和排名及时给予反馈，评价单一，主要看成绩；而大学的反馈周期更长、评价标准更复杂，更关注综合成绩。这样对比下来，你会发现大学的学习模式和高中完全不同，在大学继续采用高中的学习策略肯定行不通。因此，在分析学科特点之后及时调整学习计划和节奏，掌握学习的主动权才能更好地适应大学的学习。

此时，你可能已经注意到，成绩提不上去只是暂时的，只要方法得当、策略合理、心态平稳、持之以恒，成绩会逐渐稳步提升。"百米飞人"苏炳添就是很好的例子，每次提速 0.01 秒的背后，都伴随着无数次的失败、病痛和提升瓶颈，但他从未放弃，始终相信自己做得到，相信可以通过努力突破自己的最好成绩。

进一步而言，我们在大学究竟应该如何学习？这里老师给你两点建议。

第一，避免"习得性无助"。

"习得性无助"是心理学家塞里格曼提出的概念，是指一个人在经历失败和挫折后，面对问题时产生的无能为力的心理状态和行为。当我们反复经历失败并想要放弃时，应该如何应对呢？

第一步，在考虑放弃时，检查自己的归因模式。是否将这些失败结果归因于自身的能力或命运；是否全盘否定自己，将当下的困难看作永久的困境。当我们将失败归因于这些不可控因素时，会感到悲观，不愿再付出努力。我们可以尝试将"我没有别人聪明""我不适合学这个专业"变为"我还没有完全适应大学节奏""我的学习方法还不够得当"，归因视角的转变不仅避免了打击自信心，还建立了更为乐观的预期，即"我适应了大学节奏后学习会进步""学习方法掌握后成绩会有提升"。第二步，将否定自己的念头具体化。通常，"糟糕透了""没救了"是一种抽象的感觉——很无助且不知所措。具体化可以将我们内心的"坏想法"变得更清晰，比如"我当下面临××困难/遭遇，让我觉得完蛋了"。第三步，从解决问题的视角思考，并从小任务开始尝试。冷静下来思考现状是由哪些因素导致的，我还可以做些什么。有了思路后再将计划拆解，从小处着手，再给自己一次尝试的机会。第四步，持续给予自己正面的反馈。完成小任务意味着取得了微小的进步和成绩。要记得激励自己，因为这些进步本就值得庆祝，它是我们通过努力获得的。在这个过程中，你会切身感受到"我做了很多事！我做到了很多事！"最后，我想告诉你，打败我们的往往是无助和恐惧，但当我们正视失败所带来的挫败，爬起来重新出发时，其实我们已经战胜了无助和恐惧，我们是有能力应对各种挑战的强者。

第二，培养成长性思维。

心理学家卡德韦克根据对能力发展的认知，将思维模式分为两种：固定型思维和成长型思维。固定型思维认为智力、能力、天赋等先天因素是决定个人成功基本素质，后天无法改变；成长型思维坚信只要足够努力，人的才智和能力可以通过不断的练习得以提升。心理学家发现，成长型思维的个体善于持之以恒，不断提升，从而在其专业领域取得长足的发展和成就。因而，成长型思维已成为各大企业选拔人才的首要考量要素之一。遇到瓶颈并且想要放弃时，我们应该如何通过成长型思维化解危机、继续前进呢？首先，学会客观地评价自己。在审视自身状况时，既不要妄自菲薄，也不要自视过高；在评估自己的现状时，要分析哪些优势有利于事情的发展，哪些劣势可能会阻碍自己的进步。其次，相信刻意练习。在面对挑战和困难时，不要过分相信所谓的"天赋"，它会限制我们的思维，让我们觉得"这件事只能是这样"或"没有其他办法"。其实，取得成功一定是策略和努力的加持。要相信刻意练习的价值，尝试不同的方法和策略，一次次试错、一步步调整，逐渐改变现状，从而取得阶段性胜利。最后，学会听取意见。面对批评，不要急于恼羞成怒，觉得他人都在针对你。遇到瓶颈，如果有人愿意给几句中肯的建议，那就说明某些方面确实存在问题，还需要进一步提升。在这个过程中，要多思考、多吸纳，并从他人的视角看问题，就会应运而生一些新思路和新方法。

最后，希望你继续保持信心，走出自己的学习门路，在绚烂缤纷的大学生活中实现自己的价值！

赵敬雯

从"别人家的孩子"到"泯然众人"，要如何调整心态、迎头赶上？

我出生在小县城，从小到大都是"别人家的孩子"，通过努力，以全省前 500 名的成绩考上了名牌大学。平时花了很多时间学习，大学的第一次期中考试我却刚过及格线。同学们在学习上都表现得游刃有余，还有精力参加各种活动，而我却一事无成。期中考试成绩不好，我担心期末考试也会不尽如人意。感觉自己很差劲，这段时间很难过，不想学习，也不想跟同学说话。请问老师，我该如何应对这种情况呢？

生活中，"别人家的孩子"是许多父母的口头禅，也是许多孩子学习的目标。心理机制中的"别人家的孩子"现象源自人们对于自身社会特征的定位，即通过与他人的比较来寻求自我意义，而不是根据纯粹客观的标准来衡量。你已经通过努力证明了自己能够成功考上名牌大学，也曾经作为"别人家的孩子"，展现了自己的能力。目前的落差也可能是周围环境中的人变得更加优秀所致，需要积极调整自己的心态。

从小到大的社会教育常常要求学生成为"别人家的孩子"，但这种心理现象同时也带来了一系列负面影响。群像性的"别人家的孩子"概念会使你产生心理挫败感，当自己与被视为完美典范的"别人家的孩子"相比较时，往往会感觉自己无法达到同样的标准，从而产生自卑和自我怀疑。这种完美主义的要求可能会削弱你的自尊心和自信心，让你感觉自己无论在哪个方面都不如"别人家的孩子"。因为觉得自己无法达到这种标准，你可能会逐渐对学习和努力感到绝望，进而影响学业成绩和学习动力，甚至会导致自我异化，阻碍自我认同的发展。越是不断学习、认同"别人家的孩子"，满足父母的期待，就越可能失去对自身真实角色的感知与发现，产生对个人的内部状态和外界环境以及两者之间不一致的认识，失去发现和探索真实自我的眼睛，阻碍自我认同的发展进程。这种情况还会使你产生强烈的不安全感，催生出视好朋友或同学为竞争对手，而非潜在的合作伙伴的结果，进而造成与他们之间关系的裂痕。

进入大学后，评价的标准不再是单一的，你会发现有许多可以努力的方向，也会有很多值得探索的事情。任正非曾说过："我在人生的路上自我感觉是什么呢？就是充分发挥自己的优势。""我这一生就是短的，我只做长我这块板，我再拼别人一块长板，拼起来就是一个高桶了。"可以发现，比追求完美更为重要的，是认识和发挥自己的长处，而不是只关注自己的短处，并为此花费大量时间。如果一味地陷入高中阶段的成绩比较模式，容易局限在成绩本身，而忽略如何成为更优秀的自己。在这种状态下，人常常出现成就动机水平低，自我意识消极、自我效能感低的现象。长此以往，就不能给自己确立恰当的目标，学习时漫不经心，积极反应的要求降低，变得消极被动。

因此，我有以下几点建议。

首先，培养积极比较意识。学会积极地进行比较，而不是沉溺于消极的自我否定。将优秀的同学视为学习的榜样，而不是压力的来源。同时，要明白每个人都有自己的长处和优势，不同人之间无需进行绝对的比较，重要的是专注于自己的进步，而不是和别人相比较。

其次，注意保持自信心。肯定自己在不同领域的努力和成就，鼓励追求个人目标而不是盲目追求别人的标准。例如，列出自己的长处和成就，采取积极的学习成长心态，尝试积极的心理暗示，在日常生活中主动帮助别人等。这些方法都有助于培养自信。此外，还需要学会从失败中学习，将挑战视为成长的机会，而不是阻碍。

再次，发挥个人的主观能动性。寻找支持和鼓励学习的环境，让自己感受到学习是一种成长和探索的过程，而不是单纯追求成绩的压力。设定明确的目标是实现进步的关键。想想你想要成为什么样的人，聚焦于自己的兴趣和激情。设立一个清晰的目标可以帮助你更有动力去追求自己的梦想。一旦确立了目标，制订一个合理的计划来达成它。这个计划应包括具体的行动步骤和时间表，以及适当的资源。切记，计划的实施需要坚持和努力。

社会比较的心理机制在一定程度上是不可避免的，但我们可以通过积极的引导和培养来减少其负面影响。关键是需要树立积极的自我认知，培养自己的自信心，以更好地适应和应对来自社会比较的压力。

最后，要知道成功不是一蹴而就的，它需要时间和努力。重要的是相信自己，坚持不懈地追求自己的目标。记住，每个人都在不断成长和进步，只要你持续努力，就能走出"别人家的孩子"的阴影，实现自己的价值，成为"泯然众人"中的闪耀之星。

我想将《本杰明·巴顿奇事》中的一段话赠予你："只要是有意义的事，再晚去做还有意义的。做你想做的人。这件事，没有时间的限制。只要愿意，什么时候都可以开始。你能从现在开始改变也可以一成不变。这件事，没有规矩可言。你能活出最精彩的自己，也可能搞得一团糟。我希望你能活出最精彩的自己。我希望你能见识到令你惊奇的事物。我希望你能体验未曾体验过的情感。我希望你能遇见一些想法不同的人。我希望你为你自己的人生感到骄傲。如果你发现自己还没有做到，我希望你有勇气，从头再来。"

周围帆

收到了学业预警，
我该怎么办？

我进入大二以后，专业基础课学得特别吃力，成绩一落千丈，甚至收到了学业预警，心理非常焦虑，感觉自己实在撑不下去了，我不知道是否应该休学调整一下，请问老师我应该怎么选择？

学业焦虑和适应困难是大学生中常见的问题。进入大学后，学生面临着更高的学习压力和学业要求。与高中课程相比，课程教学内容变得更加深入和复杂，单节课堂容量大，难度显著提升，授课节奏明显加快，需要投入更多的时间和精力进行学习。同样的，脱离高中教师带领式的严格教学，大学相对宽松的教学模式需要学生能较快适应新的学习环境、学习方式和学术要求，对很多同学来说也是一个不小的挑战。因此，遇到了一点小挫折先不要着急，可以从以下几个方面结合自身的实际情况做一些思考。

第一，寻根求源，冷静思考困境的关键点。

你提到了"一落千丈"，说明你在大一学年的成绩还是不错的，所以首先要对自己有信心。我们不妨回顾过去的一年里，你在基础课程学习上的感受：如果大一学年的学习是抱着端正的学习态度、相对轻松地取得了较为可观的分数，说明你的学业基础是相对良好的，不必气馁也不必怀疑，脚踏实地有计划地组织学习，有针对性地解决问题，终会柳暗花明。如果大一学习相对艰辛、付出了较多的努力才获取了相对满意的结果，那么需要客观认识本科阶段课程难度逐步抬升的规律，积极利用学院和学校的学业辅导资源寻求外界的帮助，及时请教任课老师、课程助教或者学业辅导员，不要将问题堆积到期末。如果大一学年的学习是抱着得过且过的态度，并未认真全心投入，那么当前的困难可能是由前期学业基础不牢固造成的，先从根源上强化未掌握的知识点、及时查漏补缺，或许专业基础课的一些疑难点会迎刃而解。

同时，选择合适的学习方法、合理安排学习时间在本科学习中至关重要。如果一味沿用高中传统的学习方法，可能无法适应大学快节奏的学习，导致学习效率低下、记忆困难、理解能力下降等问题。如果无法高效地安排学习时间，提升单位时间内的学习效率，难以在课外拓展活动和学业间做到有效平衡，就可能会导致学习任务累积、拖延症、作业迟交、复习时间不足等问题，从而使学习困难加剧。

第二，主动举手，尝试寻求多方面的帮助。

针对上述的情况，可以积极向身边同学进行请教，广泛了解其他人的学习方法和时间规划，从中提炼找寻适合自己的方法。也可以寻求辅导员的帮助，请老师帮忙分析自己的问题，并指导自己不断调整。同时，心理状态对于学习效果也有着较大的影响。学业吃力往往会影响个人自信心，在此基础上，若叠加分数不理想、挂科等情况，也会对自身能力和价值产生怀疑。自我怀疑和否定会严重影响你的学习生活状态，降低学习的专注力，进一步加重焦虑和学业困难，形成恶性循环。因此，遇到不良情绪一定要及时消化，可以向你信赖的家长、老师、知心朋友倾诉，通过运动、旅行、听音乐等你喜欢的方式来发泄，或联系专业心理咨询人员获取一些情绪调节的小技巧，帮助你在面对挫折时维持较为良好的心理状态，直面挑战。

第三，制订计划，慢慢找寻更自信的自己。

本科阶段的课程规划是基础课夯实"地基"、专业基础课承上启下、专业课进一步强化提升。在完成大二的专业基础课学习后，专业学习重心将逐渐转向课程实验实践和项目创新，对动手实践能力的要求会相对提升，课程评价方式也会更加多元。因此，你可以多接触一些实践项目，在动手实践、解决问题的过程中，不断强化对于基础知识的理解，勇敢探索、双向促进，相信这个过程也能逐步提升你对于专业基础课学习的信心。完成任务、取得成果所带来的成就感也会在一定程度上提升你对专业学习的热情和对自身的信心，有助于你建立积极乐观的心态来面对未来的学习生活。

第四，适应规则，在不断调整自我中进步。

　　如果你认为当前的情况无法通过上述方法解决，并且休学可能是一个更好的选择，那么你可以向辅导员或教务老师咨询休学政策和流程。但一定要清醒地认识到，休学不是逃避当下的现实问题，而应是直面问题根源、利用这段宝贵的时间解决问题，否则复学后面对相同的课业困难、面对全新的班级成员和宿舍环境，你依然需要面对严峻的挑战。因此，如果坚定选择了休学，就要充分考虑休学期间的计划，了解自己的兴趣和目标，重新调整学习方法，充实自己的知识储备，不断进行自我调整和提升，做好迎接未来挑战的准备！

　　大学生面临的学业困难和焦虑可能是由多方面因素造成的，建立良好的学习生活习惯、主动寻求专业人士的指导帮助、参与学业辅导活动、关注塑造良好健康的心理状态等都可能是有效的解决途径。收到一次学业预警不可怕，预警的目的是督促鞭策同学重视学业、及时调整。无论是选择继续学习还是休学调整，都要基于你自己的现实情况和迫切需求客观评估考虑，都要相信自己的能力和潜力。困难是暂时的，相信你一定能够找到解决问题的方法并取得进步！

权令伟

要"渔"还是要"鱼"，
我该怎么选课？

同样的课程，有些老师上课要求高、考核严，堪称"霸王课"；有些老师则相反，相对比较"水"。我知道跟着严格的老师更能学到东西，但是面对学积分排名的压力，我又倾向于选些轻松的老师的课程。我该怎么选？

很高兴收到你的留言。你在留言中提到的"霸王课"和"水课"之间的纠结，在同学中是很普遍的现象。近年来，高校中流行起了一种"选课经济学"：如何用最少的时间、精力投入换取最好的成绩。你们中的一些同学，在选课前总要"精打细算""课比三家"。选课不看课程内容，先看老师的给分高不高、课程作业量大不大；有线上课程就不选线下课程；选只交作业的课程，不选要考试的课程……这样给分高、工作量小、不考试的课程，往往就是你们口中的"水课"。

表面看上去，选择"水课"确实让你们在"课比三家"后找到了最"经济实惠"的课程。但是这样的课程对你们的发展真的有用吗？如果本科阶段的一门课程不能为后续的深造或工作提供知识储备，花费几十个小时的上课时间只换取了成绩单上一个干巴巴的数字，你想一想，这样的课程是"实惠"还是"浪费"？

在回答这些问题之前，我想先和你聊一聊学习的意义。从定义上来讲，广义的学习是指人与动物在生活中凭借经验产生的行为或行为潜能的相对持久的变化。从这个定义可以看到，学习这个过程更关注的是其对行为或行为潜能的改变。

我想，成绩单上漂亮的数字并不是学习的"终极目标"，更重要的是学习过程中的知识积累、能力培养，这些才是能助力你发展的核心竞争力。古人云："授人以鱼不如授人以渔"，相对于"水课"带来的好分数的"鱼"，显然是学习"霸王课"过程中锻炼的学习能力、学习技巧的"渔"更为重要。作为一名老师，我也建议你不妨多下点"笨"功夫，从长远角度考虑课程的投资回报率，考虑知识技能在长期持有过程中的升值空间。

从更深的层次看，选择"霸王课"或者"水课"，本质上是人生路径选择的问题。人生的发展是一场马拉松，可能从短期来看，很多同学在选择"水课"的过程中能够短期获利。但从长期来看，这可能会导致你在人生中越来越倾向于求捷径、躲困难，面对真正的挑战时啃不下硬骨头、解决不了真问题。这样的人生虽然前期可能走得快，但很有可能会出现后劲不足的情况。

而这些被戏称为"霸王课"的难学的基础课程和专业课程，

往往会成为你终身受益的学业基础，使你不仅掌握了扎实的数理知识和专业知识，还锻炼了过硬的基本功和严谨的思维能力，更具备了敢于挑战自我、勇于攻坚克难的底气。著名水利专家张光斗在回忆求学时光时曾说，"物理每周小考一次，不及格的比比皆是"，这便是老科学家在基础知识教育学习阶段的生动反映。我认为，敢于选择有挑战的"霸王课"，才能在千锤百炼中练就扎实专业本领，让自己有实力、有韧劲去取得更多突破，才能培养自己面对人生挑战时从容不迫、坚忍不拔的意志。

"志之所趋，无远弗届，穷山距海，不能限也。"人生的成功不是一蹴而就的，也不会凭空产生，而是在挑战一个又一个困难的躬身实践中确立的。希望我的回复能够激励你选择直面挑战、积极进取的人生，在奋斗的新征程中创造更为精彩的青春！

刘智卓

不感兴趣的必修课，
有必要全情投入吗？

我对大学的有些课程实在不感兴趣，觉得学了也没什么用，我应该简单应付考试还是彻底学明白？

在整个大学求学生涯中，我们将要完成几十门课程的学习，面对如此多的学习科目，总会有一些不喜欢的。然而，不喜欢的课程不代表学了没用，如果你只学习自己喜欢的课程，将会失去很多有用的知识。加深对课程设置的理解，培养对课程学习的浓厚兴趣，对你提高专业水平、完善知识体系、增强综合素质至关重要。

对于个人的课程安排，要从掌握知识、个人成长的全局角度审视。学校在制订培养计划时，会综合考量掌握专业知识、培养专门人才目标，设计相应的课程方案。因此，任何一门课都是构建起专业知识体系的必要一环，每一门课都需要认真对待、全情投入。课程学习应该以掌握知识为终极目标，而不是片面追求获得学分这一基本量化指标。

　　能够把"不喜欢的"但又"必要的"课程学好，是学生的本职工作，也将使你受用终身。西湖大学校长施一公于1985年考入清华大学生物系，回顾当初做出这一选择时，他坦言只是因为听闻了"21世纪是生命科学的世纪"这一预判。然而，当他进入大学后发现，其实自己并不喜欢生物，同时觉得生物系的课程趣味索然、没有太多挑战性。但即便如此，他却依然把生物系的课程学得很好，在清华大学的成绩始终是专业第一名。毕业时，也是以全系第一名的成绩获得了清华大学生物学和数学双学位。扎实学好每一门课程为施一公未来的人生抉择奠定了扎实的基础，这使他得以一路读到博士，走向专门从事生物学相关研究的岗位：2001年，他被普林斯顿大学晋升为终身副教授；2003年，又晋升为终身正教授，成为普林斯顿大学分子生物学系历史上最年轻的终身正教授，后来又成为最年轻的讲席教授；2013年当选中国科学院院士；2018年全职筹建西湖大学并当选为该校首任校长。

　　换个角度想，既然我们必须学好不喜欢的课程，为何不尝试着让自己喜欢上这些课程呢？做好一件事情的最佳状态，我认为应该是内心认同，从而自觉调动起自身的积极性，从认同逐渐转化为热爱，慢慢培养起兴趣。心理学家已经进行了大量的观察和研究，以了解兴趣是如何产生的。主流观点认为，兴趣的形成既包括先天遗传因素，也包括后天培养。虽然先天遗传起着一定作用，但对于绝大多数人来说，兴趣都是后天培养出来的。因此，对于个别不喜欢的课程的兴趣与好感同样可以通过后天的培养实现。人本能地对一切外界事物有着强烈的探索欲望，学习应该是人类的一种本能行为。因此，我们应该善加利用这种探索欲望，建立起在好奇心驱使下对未知课程知识的探索意愿。其次，要在课程学习的过程中增强获得感，感受学习的快乐。兴趣是正向刺激的结果，当我们学到新知识、掌握新技能，并感受到自己的进步时，一定是快乐的；即便在学习过程中遇到困难，当我们凭借自己的努力克服了困难时，这种胜利感也能带来快乐。在不断地正向激励中，我们自然会慢慢建立起学好课程的信心，培养起学习课程的兴趣。

总的来说，首先要在"理性上"告知自己正确对待"不感兴趣的必修课"，不落入"感情用事"的俗套，不以"应付考试"为终极目标；其次在"感性上"建立起对"不感兴趣的必修课"的好感，逐渐让自己喜欢上它，由"认同"走向"热爱"，相信在这个过程中你会有所收获，并且受益终身。

林　魁

修读的课程这么多，
未来工作都能用得上吗？

我们大学学习的课程很多很杂，我感觉许多课程的知识跟自己的专业关系不大，未来也用不上，我觉得花费大量时间学习这些课程是在做无用功，我应该怎么办？

在当下竞争愈发激烈的就业环境下，同学们提前考虑就业工作与大学课程的关联性无可厚非。但我们应该明白，大学课程设置的目的，不只是对接职业需求，更多的，大学教育还侧重于拓宽同学们的视野、培养综合能力，将大家培养成一个拥有健全人格、完备素养以及开拓创新所需的知识和能力的"社会人"。

大学课程不仅可以帮助同学们积累硬知识，还可以培养软技能。基础课夯实同学们的基础知识，而必修课则更加专注精进同学们的专业技能。除此之外，思想政治教育类课程有助于帮助同学们树立正确的世界观、人生观和价值观，引导大家了解和掌握正确的政治理论知识。大学生心理健康课程帮助同学们认识自我、了解自我、关照自我，塑造健全健康的心理环境。对于理工科同学来说，选择文化艺术类的选修课可以培养审美情趣，涵养人文情怀；而对于人文社科同学来说，选择科普类技术类选修课可以锻炼操作能力，培养逻辑思维。因此，一些课程为我们提供了清晰明确的知识体系和知识点，而另一些课程则培养了我们的软技能和综合实力，它们都是不可或缺的。

大学课程的"有用"或"无用"需要足够的时间和空间来证明。时间上，教育是个闭环，你现在认为"用不上"的知识，也许会在未来某个时刻闪现价值，甚至激发你对某方面内容的兴趣，直接影响你的发展方向。空间上，大学课程在传授知识的同时，还会锻炼同学们的逻辑思维能力、学习创新能力、合作实践能力等综合适用能力，不同学科的知识也会帮助我们拓宽视野，提供更多元、全面的问题视角。一旦走出校园，走入更广阔的人生，这些能力会使得大家在学习、生活和工作中受益终身。社会发展日新月异，而通过学习和实践磨砺出来的能力是会迁移和发展的，并且不断更新迭代。

课程繁多，我们需要灵活选择，并强化时间管理。面对繁杂的课程，同学们可以根据自己的兴趣特长和未来发展方向，合理选择想要修读的课程并投入其中。为了满足大家全面发展的需求，大学教育提供了多样化的课程供选择，在全面发展的基础上探索个性发展。如果是研究生，也可以与导师允分沟通自己的培养计划，在选课空间内做出合理的课程安排。在选择课程时，你更应该注重自身的知识结构和发展需求，选自己想学的课程，我相信这一定会提高你在课程学习中的获得感。此外，要充分把握课堂时间，认真听讲并及时消化，注重学习过程中的思考反思，积累方法和经验，与任课老师积极互动、探讨疑惑。这样做不仅会事半功倍，还会留出更多的课外时间用以延伸拓展。

对于课程的有用性，我们应该积极探索并尝试应用。当我们以开放的心态看待需要学习的课程时，通过与师长交流并听取他人对课程的建议和看法，也许会产生一些新的视角。此外，尝试寻找课程所学内容的实际应用情境，也会使学习变得更有意义。

风物长宜放眼量，大学是一段丰富而精彩的旅程。社会环境和人才需求是瞬息万变的，同学们的未来选择和方向也会随着时代的变化而变化。希望同学们能在课堂内外积极投入，立足当下却又着眼远方，脚踏实地而又仰望星空，相信终能有所收获。希望我的建议能给你带来一些帮助。

丁　洁

对专业不感兴趣，
我要不要转专业？

我对目前所学专业缺乏兴趣，不知道是应该继续努力培养兴趣，还是申请转专业。如果继续学习没有兴趣的专业，担心会影响我的学业和未来发展。但是，如果申请转专业，我也需要考虑是否有足够的时间和资源来适应新的专业。所以，我希望能听取更多建议和意见，以做出更明智的决定。

专业选择历来是大学教育的焦点话题，也是事关大学生发展的关键问题。一个适合且感兴趣的专业，可能意味着良好的未来发展方向、个人巨大的成长空间以及更广阔的职业选择前景。然而，很多同学因家庭、社会等种种原因，选择了一个自己不感兴趣的专业，或者受到社会舆论的影响，总觉得"风景别处独好"，自己却掉入了专业"天坑"，面对未来的不确定性，产生迷茫、焦虑情绪。那么，对于不感兴趣的专业，是"盲目"坚持还是坚定地"换赛道"，这是值得慎重考虑的问题。那么应该如何做决定呢？

我们先要了解专业兴趣的形成原因。研究表明，个人的专业兴趣影响因素主要有三个：专业选择、学业投入水平和社会支持。如果缺乏对现专业的兴趣，需要进行具体分析。首先，在专业选择方面，有些人所学的专业并非出于对专业的热爱和个人兴趣，而是对热门专业的盲目追逐；不是来自个人目标规划下做出的自主选择，而是出于家长亲朋们的喜好或由他们大包大揽而定，最后发现"进错了门、入错了行"。这反映了个别同学专业选择的对经济价值的重视程度超过了个人价值，过于追逐专业热度，过分关注专业选择能够带来的经济收益，而忽视了个人兴趣、才干和能力发挥。其次，在学业投入水平方面，对专业的努力程度不足，导致跟不上学业进度，学习挫折感增加，无法获得学习的成就感，因此对所学专业感到厌倦，甚至产生厌学情绪。最后，在社会支持方面，个人的专业选择和学习兴趣深受老师、同学和父母的影响。如果老师讲课生动有趣、同学之间有良好的互动交流，则有助于专业兴趣的发展。反之，如果周围人对该专业普遍持负面态度，个人也可能会失去对该专业的兴趣。

我们可以看到，专业兴趣的培养与专业选择、学业投入水平以及积极争取社会支持密切相关。如果有着明确的专业兴趣和特长，却因种种因素选错了专业，那么转专业可能会更好地发挥个人优势，也不失为一种新的机遇和开始。兴趣作为最好的导师，它能有效提高学业投入水平，促进个人更好更快地成长发展。

此外，如果缺乏明确的专业兴趣，专业选择充满迷茫，要认识到专业选择没有绝对的对与错，每门专业都有其价值和意义，专业并不可能决定人生的方向和高度。当发现自己对选择的专业不感兴趣时，要积极地进行探索和调整，树立正确的价值观念，努力找到适合自己的方向。

一是要树立正确的成才观，学好人生"基础课"。行业有兴衰、热门专业有周期，无论选择什么专业，都只是人生成长的基础，是未来人生探索的入口和起点。在学科交叉日益深入的时代，与具体的专业内容相比，学习的过程更加重要。我们应努力掌握专业知识背后的逻辑思维和理念方法，磨砺一项无可替代的技术本领，打下人生发展的良好基础。

二是要践行正确的人才观，修好人生"必修课"。要成长为有用之才，在专业选择上不能仅仅考虑个人兴趣，还要结合国家需求、时代方向和行业趋势。在学习和思考中明确目标方向，做出自主选择，勇于克服遇到的各种困难，积极地从老师和优秀的同学身上汲取知识和经验，努力提高学业投入水平。无论最终是否转专业，都不要让选择成为成才障碍。

三是要培养正确的职业观，做好人生"选修课"。坚信"三百六十行，行行出状元"。任何职业都不会埋没人才，也不会束缚人的创造力。比如，国家最高科学技术奖获得者徐光宪先生曾四度改变研究方向，但始终不变的是他对创新报国的坚定目标。最终，他的努力引导我国稀土分离技术的全面革新，使我们国家一跃成为稀土应用大国。只要做到干一行、爱一行、精一行，就一定会有事业发展的舞台。

　　要知道，没有一个专业叫"成功"专业，也没有一条人生道路是"保过"道路，更没有一个职业可以让人"上岸毕业"，有时候，不仅仅是因热爱而选择，更是因选择而热爱，只要你在人生的探索中不断实地体验、自我审视，就一定能找到满意的答案。

宋　泉

读研期间想换导师，
怎么办？

最近我和导师之间出现了一些问题，我想换导师，应该如何操作呢？请问有没有相关的程序或规定？希望相关部门或老师能够给予指引和帮助，让我能够顺利更换导师，继续完成我的学业。

我注意到你最近在"研"途中遇到了一些困扰，特别是有了更换导师的想法。我能理解这是一个艰难的决定，也很荣幸能够获得你的信任，让我们有机会聊聊跟导师相处的那些事儿。

我从以往导学矛盾的案例中学到了宝贵的经验，也能深刻地体会和感受到你当下的处境和那些未能说出口的心结。最近，某高校一位硕士研究生的论文《她为什么换了导师》火得出圈，究其原因是论文的主题——导学冲突引发了广泛关注和共鸣。文章剖析了导学冲突中双方在选择课题方向、课题进度认知等学术培养因素上存在的歧见，以及人际沟通分歧，例如学生认为导师"缺乏边界感"而导师认为学生"不务正业"等，此外还涉及制度因素，如导师准入制度固化、导学匹配机制的单一性等。你经历的苦恼，是不是也在其中？在决定更换导师之前，我建议你回顾一下自己的需求和目标，从自身的角度出发，梳理一下更换导师想法的缘起由来：是研究兴趣与专长的不同，还是与导师的沟通存在问题？抑或是生活习惯、价值理念产生了较大的分歧？最后，对照自己的科研理想和生涯规划，思考这些矛盾是否已经到了不可调和、无法挽回的地步。

谋定而后动，明晰了上述问题后，相信你能做出更加理性的选择。当然，如果你觉得这些问题不方便直接与导师说，我也很愿意充当"老娘舅"的角色，与你的导师交流你的感受与看法。当然，这一切以征得你的同意为前提。同时，也希望你能充分考虑更换导师可能带来的一系列附带效应，例如可能需要重新融入新的研究环境、确定新的研究方向，以及可能需要花费更多的时间和精力来联系、适应新的导师。对照当下遇到的问题，你是否愿意投入更多的精力和时间去应对这些变化？更换导师是否能让你从根本上脱离眼前的困境？

理解自己的需求和目标是做出明智决策的关键。只有诚实地面对所期望的结果，才不会因为顾虑后续过程中的烦琐或冲突而忽视了自己真实的感受和长远的目标。

思考完这些，如果你还是决定更换导师，以下是我的一些建议：

一是了解清楚学校和学院的更换导师流程：可以从官方网站了解学校和学院对于更换导师的具体流程和规定，也可以向负责学籍事务的老师咨询。更换导师的流程通常涉及填写表格、提交理由、等待审核等环节。规范的审核流程旨在保障多方权益，需要你耐心、细心、用心地准备相关材料。

二是与现导师进行沟通：在提交更换导师申请前，需要与现导师进行一次坦率的沟通。这或许是你当前最不想做的，但我不建议把自己与导师的关系看作一枚硬币的两面。你可以解释更换导师想法的起因，例如你对研究方向的困惑、对教学方法的不适应，或者是与导师的交流障碍等；也可以征询导师对你的看法，以及他是否愿意在后续转导流程中提供帮助。与导师的沟通，能帮助你对自己有更清晰的认识。

三是寻找合适的新导师：如果你已经决定更换导师，那么就需要寻找一个适合你的新导师。可以通过学院官网公布的导师信息、阅读意向导师的论文和书籍、参加他们的课程和学术报告，以及向其他同学、导师咨询等方式来了解新导师的研究方向、教学风格和性格特点等，并向研究生教学管理部门咨询导师的招生情况。

四是与新导师进行沟通：如果你已经找到了一位心仪的新导师，建议进行一次深入的交流。你可以了解他的研究方向和教学特点是否符合你的期望，以及他对于你的研究计划是否有足够的兴趣和支持。此外，与新导师的沟通也可以帮助你了解他的工作风格和人格特点，从而判断他是否适合你的个人发展。

五是提交更换导师申请：在确定了新导师后，需要按照规定提交更换导师的申请。申请需要接受学院、学校的审核，其中可能会涉及与原导师和新导师的面谈或作进一步的评估。在此过程中，如果仍有疑问，可以向处理该项业务的相关老师进行咨询。

凡事预则立，不预则废。更换导师并不是一件容易的事，可能会带来新的挑战。在作出决定前，请务必慎重考虑、做足准备，并与家人、朋友和老师进行充分沟通。我也会在这里，尽己所能为你提供相应的帮助。

张轶帆

直硕还是直博，
我该如何选？

我最近在考虑直硕和直博的问题，但是感到很困惑。我想知道，哪种方式更加适合我？在做出选择时，我应该考虑哪些因素？

能够思考这个问题，说明你已经开始对自己研究生的生活开始思考和规划了。目前，学校的研究生类型正在逐步丰富，包括博士生、硕士生，学术型、专业型，以及各类专项计划。随着研究生的分类培养愈发精细化，不同类型的研究生在招生条件、培养模式、毕业要求等方面的区别也逐步清晰和明确。对于同学们来说，在开始研究生学习前做好审慎选择，选择适合自己实际情况的模式，的确很有必要。

在同学们考虑选择直博还是直研的过程中，以下建议可能会给大家一些启发和帮助。

首先，要充分了解直博生和硕士生的本质差异和对学生的不同要求。在学校研究生院的网站上，大家可以找到学校关于硕士研究生和博士研究生培养的工作规定。从中可以看出，在研究生学习阶段，学生除了要具有本学科宽广的基础理论和系统的专门知识外，对于硕士生而言，重点是要强化对已有的理论、观点、方法的认识和理解，通过从事与学科培养目标相应的科学研究，取得一定的创新性成果，培养自己独立从事科学研究工作或担负专门技术工作的能力；而对于博士生，则需要在硕士生的基础上更进一步，要求创新成果应在相应学科领域体现一流水平、具有创造性，从而使自己能够达到独立地、创造性地从事科学研究、工程开发或者教学和实务工作的水平。如果你觉得这些描述比较抽象，目前网络上还有很多关于硕士生和博士生区别的分析和段子，有兴趣的话，也可以选择性地阅读一些，以便更直观地了解两者之间的差异。总而言之，博士生需要具备更强的自主发现问题能力和归纳问题的能力，即博士学位对于学生在严谨学风、创新意识、探索精神和独立从事科学研究的能力上有着更高的要求。

其次，要对自己的兴趣和能力特点做一个完整的分析。读博是一个漫长的过程，而要能够在漫长的读博时光中战胜各种困难和挑战并最终获得学位，需要坚持。而坚持的最主要驱动力是兴趣、好奇与热爱。扪心自问一下，如果你喜欢探索未知，好奇某个研究领域的未来发展，对研究问题的答案有抽丝剥茧的热情，那么，非常欢迎你来攻读博士学位，开启自我探索之旅。但如果自己读博仅仅是出于提升学历、增加求职竞争力，那么也许选择读硕，或者在先完成了硕士阶段学习的基础上根据自己硕士求学期间的情况再决定是否读博，会更稳妥一些。

这里需要提醒的是，一个人的科研能力和学习能力并不完全等同。一些同学的学习能力很强，能够较快地获取和消化知识，在本科期间的考试成绩名列前茅，但这并不意味着他就一定能适应研究生的培养模式。反之，一些同学在本科期间的学积分排名也许并不名列前茅，但因为经常参加一些科创项目和活动，对于专业有着浓厚的兴趣，有较强的独立思考能力和动手实践能力，在读博期间反而更加适应。这两类同学并不存在孰优孰劣的问题，只是擅长的领域和技能点不同。读硕的同学并不比直博的同学"矮一头"，只是在衡量自己是直博还是读硕的时候，需要更加关注自己在科研方面能力罢了。

再次，考虑直博还是读硕，自己的家庭情况、未来的职业规划等因素也很重要。

根据目前的研究生学制要求，硕士生的正常学制在 2.5 至 3 年，直博生的正常学制是 5 年。虽然国家和学校有经济资助政策兜底，不会让任何一个学生因为经济困难而不能求学，但对于一些家庭经济困难，迫切需要尽早工作以支撑家庭的同学而言，选择先读硕，后工作，之后有机会再攻读在职博士，未尝不是一个好的选择。

另外，不同的行业、不同的企业对于员工学历水平的需求也是不同的。读博是否能为你提供所需的专业知识和技能，读博对于你未来想从事的特定职业或领域是否是必要的资格或竞争优势，也是我们在做选择之前需要考量的因素。对于想要未来在高校、科研院所、企业研发岗等从事研究或者以学术为生的同学而言，读博也许是一个"刚需"；而对于想要在行业企业、基层公务员岗位工作，甚至想要在择业时跨行业的同学而言，其实是硕士还是博士，毕业后进入岗位的待遇差别并没有想象中那么大，工作后提升学历的途径也依旧畅通且多样。

最后，我想说，人生的道路会面临很多选择，所谓的"适合"在于能力和目标的匹配性，但几乎没有人能够在权衡清楚所有利弊后再作出选择。说到底，直博与否，没有适不适合，只有在选择过后，愿不愿意为自己所作出的选择而狠狠地磨砺自己。博士是一个领域的创新者与推动者，这对知识技能掌握的宽度和深度提出了极高的要求。选择了读博，就要耐得住心性，学会自律和坚持积累。而选择了读硕并不意味着就能避开前进路上的其他困难。当前，终身学习已成趋势，只有立足自身岗位不断锤炼自己的业务能力，才能在学历水平日益提高的人才市场和职场竞争中获取优势。时代在发展，能力在更迭，无论你是选择直博还是直硕，请不忘初心，用奋斗的姿态去诠释自己的无悔青春！

蒋雨航

如何平衡课堂学习与课外实践活动？

我看到身边很多同学在学习之余，选修了很多知识拓展课程，参加了许多学生组织的实践活动来提高自己的综合能力，拓宽自己的眼界，我很羡慕也想参加，但是又感觉学业压力已经很大了，我要怎么兼顾学习与课外实践活动？

来到大学，我相信大多数同学都和你有着相似的感受：一方面，校园生活丰富多彩，各种新奇的体验很有吸引力；另一方面，课程的难度和学习压力与中学时代截然不同，特别是理工科专业，很多内容学习起来并不那么轻松。在这种情况下，如何平衡学业和课外活动成了一个普遍存在的问题。

你信中提到的所谓"兼顾"，我认为操作层面包括时间管理和精力管理，对工作的人来说也有类似的困扰。每当遇到一些所谓的"时间管理大师"（虽然大多时候是贬义），大家调侃之余，或多或少也会对他们的时间管理能力感到羡慕。毕竟对大多数人而言，时间就像"海绵里的水"，能"挤出来"已经很不容易了。下面我针对你的问题，结合个人思考以及你的学长学姐们的经验，提供一些建议供你参考。特别要说明的是，"纸上得来终觉浅，绝知此事要躬行"，要想管理好自己的时间，成为自己的"大师"，仅仅有想法是远远不够的，还是要在实践中不断探索和思考。

第一，时间管理。

相信每个阶段的你都会认同这一观点——时间管理非常重要。对大学生而言，时间管理不仅仅是进行学业和课外活动时间分配，同时涵盖非常多的方面。为了更好地管理时间，我给你提供以下三个建议。

一是制订明确的日程表。安排每天的学习和活动时间，确保你有足够的时间来完成作业和准备考试。将学习和课外活动分为不同的时间段穿插进行，既能提高效率，又能提高获得感。

二是区分任务优先级。区分任务的紧急性和重要性，优先处理那些既紧急又重要的事情，但也要留出时间来追求个人兴趣和参加实践活动。要意识到每个人的优先级都是不一样的，通常来说，在学生时代，专业学习是比较重要的。

三是做好时间记录。记录你的时间使用情况，以便更好地了解你的时间流逝和效率。这有助于你调整时间安排，减少浪费时间的活动。

第二，精力管理。

在大学中，有效地分配精力能够让我们有的放矢，从而以更大的活力和效率参与日常的学习工作中。以下是一些建议：

一是确立学业目标。明确自己的学习目标，包括但不限于阶段性目标和中长期目标。选择与你的兴趣和专业相关的实践活动，这样你可以将精力集中在与未来职业目标相关的事情上。

二是学会自我管理。培养自律和坚持的习惯，以克服各种诱惑。在大学生活中，你将面临很多诱惑，心中有努力的方向会让你更容易做到自我管理。

三是丰富社交体验。积极参与社交活动，提高人际交往和社会适应能力。这不仅有助于个人发展，还可以为你的课外活动带来更多机会。当然，社交体验的渠道多种多样，比如参加自己感兴趣的社团活动，或担任志愿者、活动主办方等。就收获而言应该是多方面的，包括但不限于阅历提升、经验积累和视野开阔。因此，无论顺利与否，你都不要忽视活动过程中的学习成长。

第三，个人成长。

对我们绝大多数人而言，大学是一个全面成长的时期，更是世界观、人生观和价值观形成和稳定的关键时期。学业和课外活动的关系，最理想的状况是相辅相成、相得益彰，而不应该被看作是互相排斥的。我们常说，没有体验就不成经验，经验对于青年人的成长至关重要。

最后，不论你在日常的学业或者课外活动方面遇到什么困难，都非常欢迎你随时与我交流。期待见证你的学业进步，同时也能与你一起分享丰富多彩的大学生活！

祝你学有所成，生活愉快！

程睿志

如何平衡课程学习与科研项目？

我大学本科期间就想进入实验室，提前体验参与科研工作，但是课业任务很重。我担心如果投入过多时间进行科研工作会影响我的课程学习，进而影响专业排名，我应该如何平衡两者的关系？

随着时代的进步，青少年的人生规划也愈加清晰和超前。在本科期间，很多同学已经有了科研梦想，渴望进入实验室，提前参与科研工作。然而，本科课程的学习任务比较繁重，学生该如何平衡两者的关系呢？

现如今，越来越多的本科生希望能够在本科阶段积极参与一些科研工作，提前培养自己的科研能力。许多优秀的本科生在科研项目中还取得了不错的科研成果，给自己的毕业简历科研经历项中添加了耀眼的一笔。然而，在本科期间进入课题组进行科研工作，意味着学生们需要同时肩负课程和科研两大任务。尤其是大二以后，越来越多的专业必修、专业选修课的成绩在未来保研、考研等考核过程中作为重要的参考因素。因此，当科研工作需要挤占课程学习的时间时，同学们不禁会感到纠结，很难在两者之间取舍。如果可以像《哈利·波特》中的赫敏那样，使用时间转换器在同一时间出现在不同的空间，那该有多好啊。然而，没有魔法的我们在面临多项工作任务时，应该如何更好地进行时间管理呢？

在大学有限的学习时间内再增加一项科研的任务，怎么做，才能避免工作堆积和手忙脚乱呢？这就要求我们对面临的多项工作任务进行归纳分类处理。这里推荐你使用四象限法则，这是一个时间管理工具，最初由史蒂芬·科维在《高效能人士的七个习惯》一书中提出，名为"时间管理矩阵"。后来艾森豪威尔引用其概念，将待办事项明确分为"紧急"和"重要"两类，并划分出四个象限：紧急又重要、重要但不紧急、紧急但不重要、既不紧急也不重要，如图 1 所示。

按处理顺序划分：首先要马上着手解决第一象限中既紧急又重要的任务，这是我们最主要的工作内容，例如参加专业课和应对考试等；其次是重要但不紧急的，主要是需要按照时间规划逐一完成的任务，例如科研项目的稳步推进；再次是紧急但不重要的，这个象限的任务容易被误以为是第一象限的事务，但如果每天都在处理该象限事务，长期以来看似每天充实，实际却原地打转，进步甚微；最后是既不紧急也不重要的，那些让我们浪费时间的事情要尽量避免。四象限法则的关键在于正确区分第二和第三象限的优先顺序。另外，也要注意划分好第一和第三象限事

重要

```
              事例.1 │ 1.事例
          发掘新机会.2 │ 2.工作危机
          规划职业前程.3 │ 3.急迫的问题
          防患于未然.4 │ 4.有期限压力的计划
              ……5 │ 5.……
              ……6 │ 6.……
  投资象此限，避免工作落入第一象限：原则.7 │ 7.原则：越少越好，多是因为第二象限没处理好
  如何避免更多的事情落入第一象限：思考.8 │ 8.思考：真的有那么重要和紧急吗？
          忙碌但不盲目：影响.9 │ 9.影响：增加压力，产生危机
  制订计划去做—重要但不紧急—第二象限.0 │ 0.第一象限—既紧急又重要—优先解决立即做
```
紧
急
```
  尽量别做—不重要不紧急—第四象限.0 │ 0.第三象限—紧急但不重要—安排别人去做
          浪费时间：影响.1 │ 1.影响：忙碌且盲目
  这些事情对我来说真的有必要吗：思考.2 │ 2.思考：如何减少第三象限的事物
  偶尔放松一下，但不可沉溺于此：原则.3 │ 3.原则：放权交给别人去做
              ……4 │ 4.……
              ……5 │ 5.……
              事例.6 │ 6.事例
      可做可不做的杂事.7 │ 7.不速之客的到访
          不必要的应酬.8 │ 8.临时安排的工作
      上网聊天玩游戏.9 │ 9.不必要的微博微信回复
```

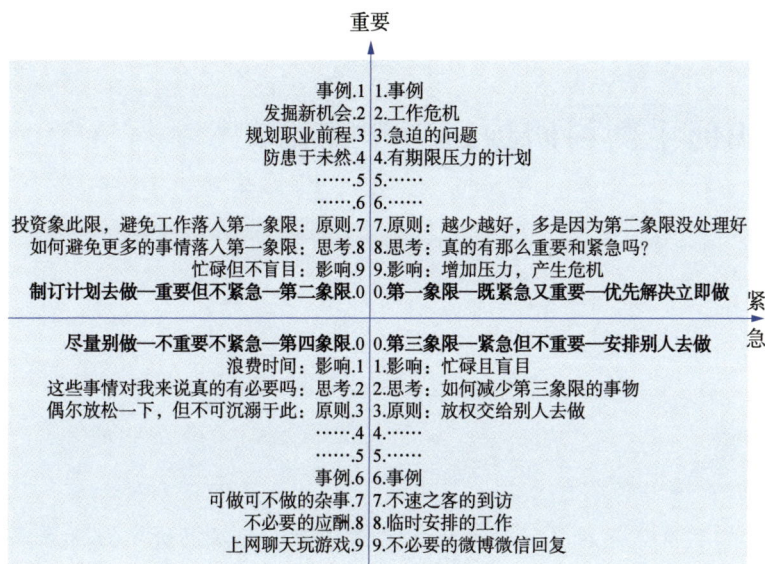

图 1　四象限法则

务，虽然它们都是紧急的，但区别就在于前者能带来价值，实现某种重要目标，而后者则不能。

如果你是一个追求完美的人，面对课业、科研以及各种生活事务的繁杂，若事无巨细地都想做到最好，可能会导致很多事情都不能有效地完成。因此，除了时间管理的具体策略上使用四象限法则，更需要在认知上进行调整。例如，不要期望把所有事情都做完；手边的事情并不一定是最重要的事情；一天结束了，如果前一天列出的事情没有做完也没关系，因为你已经完成了最重要的事情，给自己一点鼓励，持之以恒就是胜利。

于　洋

如何平衡科研项目与毕业论文？

我既想赶紧写完毕业论文早点毕业，又想把研究做得更深入，做更有价值的研究，但有可能面临延期。我感到很矛盾，该如何选择呢？

目前，国内多所高校将科研论文等创新成果作为学校创新人才培养的一项重点评价举措，学校积极支持研究生提早进入实验室开展开放性、创新性实验，以培养创新人才。这是实现对高等教育人才培养和个人能力锻炼的有效途径，例如，科研思维能力、团队协作的能力、动手能力等，这些能力将对同学们个人发展产生很大影响。无论是工作面试还是日常工作汇报，个人的科研经历都将成为一个加分项，尤其是当同学们在科研过程中有所成就，或者发表过相关论文。

但要注意的是，同学们进入实验室开展课题研究时也将付出大量的时间和精力，需要个人付出更大的努力。考虑到实验室科研工作和论文研究发表时间的平衡问题，需要做好充分的规划和心理准备，因此，向大家提出如下建议。

第一，摆正科研课题与科研论文的关系。

科研的起点是一些问题、想法，其初始状态，或者说研究的初衷，不应该是发表论文。论文仅仅是科研的副产品，而不是科研的目的。论文写作和发表只是科技工作者进行科学技术研究的展示手段，另外通过论文成果可以增进学术交流，推动科研进步。在高校研究生的毕业论文考核中，增加论文指标是衡量研究生毕业生学术能力的一种方法，而科研能力仍然需要在实验室借助科研项目进行科学训练和培养。

第二，制订每日科研工作计划，有效进行时间管理。

科研最初其实就是解决一个实际问题的过程。论文则是记录这个实际问题的解决过程，以便其他人在未来遇到相同问题时可以参考解决方法。因此，不论是从事科研项目研究还是论文写作，均需要个人投入大量时间成本，为自己设定每天实际可以完成的科研和实验任务，同时也要为刚开始的任务留出一些缓冲时间，完成任务后，要严格要求自己按时结束当天的科研和实验工作。

第三，与导师商定科研计划和目标。

与导师协商科研计划和学习目标，确保在合理时长内进行学习、科研，以避免压力过大而超时工作。这有利于严格执行学习科研计划并顺利达成目标，同时也有助于你以健康的方式平衡工作和生活。

在研究生阶段的第一年就开始思考毕业后的去向至关重要。在这个阶段，需要考虑清楚是找工作、出国深造，还是在科研院所从事学术研究。如果毕业生选择直接就业或从事研究类工作，那么研究生阶段从事科研工作的侧重将会有所不同的。一旦确定毕业后将要读研深造或从事科研相关工作，可以考虑联系导师并进入实验室。利用整个暑假的富余时间，将自己沉浸在实验室中，充分利用研究生生涯的多年时间，认真学习科研知识，深挖研究方向，这样是可以做出成果的。

进入研究生阶段后，需要进行学术思维的培养，因此需要做好心态调整。

一是做到投入时间，全面认知。

实验室学习与课堂学习不同。课堂上学到的东西大多是描述性的、经过加工整理的知识体系，而在实验室学习的更多是探究性的、新颖的、较为零碎的知识，把两者相互协调统一对于从事基础研究至关重要。

实验室的生活既有新鲜、有趣的一面，同时又十分的枯燥和辛苦。在决定自己未来想从事的行业之前，实验室学习可以为你提供对这个行业较为真实而全面的认识。

二是做到不怕吃苦，体验压力。

做实验的新鲜劲过去了，慢慢你就会意识到，从事学术研究是一项极具压力的工作。在实验室中，你将逐渐强化文献查找、阅读、课题设计和结果分析等软实力。可能学会做一个实验很容易，但要取得科研成果并非易事。除了努力学习技能外，你还需要认真考虑自己是否能够承受这种巨大的压力。

三是做好平衡。

在研究生阶段，对于科研课题和毕业论文的时间投入需要个人把握平衡，采取有的放矢的策略。前期应当投入更多时间在方向选择上。从事科研并不是按照个人擅长的领域去做，而是需要关注当前有哪些领域是学术界关注的、尚未突破的。一旦选定好方向，就可以结合实验室的科研课题，同时投入时间开展与课题方向相关的研究。

各位研究生同学：经验可以被借鉴，但是不能被复制。最后，祝愿每一位研究生同学走出令自己满意的研究生学习科研生涯。

徐新星

已成家的博士生，
如何平衡科研与家庭？

我今年 28 岁，读博期间和对象结婚后，随着科研任务的加重，我逐渐在平衡家庭与事业中捉襟见肘，与对象偶尔也会因为相处时间短而发生争执。另外，虽然国家全面鼓励生育，双方家长也经常催生，但科研压力较大，我很纠结是应该中断科研生娃还是毕业后再生？

这是一个很常见的问题，对于很多在读博或者正在攻读更高学位的人来说，平衡家庭、科研和事业确实是一个挑战。家庭和学业都是人生中非常重要的部分，两者并非竞争关系，而是需要采取方法兼顾完成的两件事。在成长道路上，如何做出重要的人生选择，我们不妨从以下几个方面来考虑。

首先，要正视并妥善处理好家庭与科研之间的微妙关系。对于已步入婚姻殿堂的博士生而言，家庭与科研无疑是求学阶段两条并行的主线，尤其在 28 岁的黄金年华里，更显得至关重要，这也是在科研与家庭间找到平衡的关键时期。对于那些尚未迎来新生命的家庭，读博求学的旅程主要会在时间、金钱和心态这三个维度上产生影响。谈及时间，研究生们深知，科研的进展往往受制于实验方案的设计、实验条件的具备以及导师的指导等多重因素，因此，多学或少学几个小时，其影响实则微乎其微。在金钱方面，尽管成家立业后经济压力会有所增加，但反观当前的就业市场，博士应届生的收入水平及职业发展前景仍高于没有博士学位的同龄人。读博，是一个厚积薄发的过程，它关乎长远的规划与发展，因此，在心理上我们无需过分担忧经济负担。至于心态，诚然，生活中的夫妻拌嘴或许会暂时扰乱我们的学习心态，但值得注意的是，婚后的夫妻往往能建立起更为深厚的默契，争执的频率也通常低于恋爱时期。因为此时，夫妻双方已开始共同规划未来，在许多事情上也能够彼此包容、相互理解。所以，综合来看，这三点挑战都不应被视为难以逾越的障碍。

其次，要不断深化科研投入，学会高效利用时间。从我个人的求学经历来看，身边优秀的博士生往往能够在一种相对轻松、不紧不慢的节奏中推进科研。他们会在用餐、午休、运动、聚餐、娱乐等日常活动中找到平衡，科研的强度似乎总是维持在一种既不过于紧张也不至于松弛的状态。这不禁让人思考，如果我们能够更加珍视在校的每一刻，以更加饱满的热情和专注投入科研之中，那么家庭生活对科研投入的影响可以降到更低。事实上，有很多杰出的博士生，在攻读博士学位期间，不仅能够圆满完成学业，还能同时兼顾家庭，广泛参与各种社会活动和学生工作。此外，也有很多博士生会投入大量精力支持课题组的工程项目和产学研转化。以全国人大代表周燕芳的个人经历为例，她在博士研究生阶段就展现出了非凡的时间管理能力和科研能力。她合理安排了科研进度，在博士研究生学习的前三年就完成了大部分的课题工作。而在读博的第四年，她选择了怀孕生娃。即使在孕期，她也没有停下科研的脚步，完成了大量的资料查阅、整理以及论文的撰写。最终，她以优异的表现完成了博士学业。在2022年全国两会期间，她提出了"鼓励和保障在校硕士和博士生结婚生育"的建议，相信这个问题也将引发社会的更广泛关注。实际上，像这样的例子并不罕见。在我们导师那一代，有很多人都是在结婚后顺利获得博士学位的。这再次证明了，只要我们能够充分珍惜每一刻时间，提高效率，就完全有可能在读博的这段时间里兼顾并完成许多重要的事情。

再次，要注重学习方法的优化。我有时会做一些关于时间的计算，实际上我们不仅是在消耗时间，也有能力可以"抢回"时间的。想象一下，一项原定下周才能完成的实验，若能提前至今日完成，那便如同赢得了整整一周的宝贵时光；同样，面对一个需要长时间摸索的学习方法，若能通过向他人求教而迅速掌握，那无疑将节省下大量的时间和精力。因此，不断地优化我们的学习方法，是确保科研工作高质量完成的关键所在。就我个人经历而言，我深感与导师的密切沟通对于确保实验路径的正确性至关重要；同时，与那些经验丰富的师兄师姐们展开深入的讨论，能够帮助我们快速领悟实验与分析的核心要领；而巧妙地规划各项实验的先后顺序，则能让我们充分利用每一分每一秒……这些方法都可以使读博事半功倍，它们不仅能够显著提升我们的科研效率，更能在无形中拓宽我们学业的边界，让我们有能力触及更高的成就。

最后，我们来谈谈尤为敏感且充满温情的话题——生育问题。在我看来，生育无疑会占据我们大量的时间和精力，而博士毕业后职业道路的不确定性，也确实可能给我们的下一代带来高质量养育方面的挑战。关于是否应该在读博期间生育，这取决于你和你的家庭的实际情况和价值观。你可以和伴侣一起完成以下几个方面的评估：

（1）科研压力与时间安排。评估你的学业压力，包括科研任务的紧迫性、导师的期望、毕业要求等。考虑是否有足够的时间和精力来同时应对怀孕、育儿和繁重的学业任务。

（2）经济基础与财务状况。评估你和你的伴侣的经济状况，包括是否有足够的储蓄来支持生育和抚养孩子。考虑在读博期间或毕业后是否有稳定的经济来源。

（3）家庭支持与伴侣沟通。与你的伴侣深入沟通，了解他对生育的看法和期望。考虑双方家庭的支持程度，包括他们是否能帮助照顾孩子。

（4）个人与职业发展。思考生育对你的职业发展可能产生的影响，包括是否会影响你的学术进度或职业机会。考虑在毕业后生育是否更符合你的长期职业规划。

（5）健康与年龄因素。咨询医生，了解你的健康状况是否适合立即生育。考虑年龄因素，如果你已经接近或超过 35 岁，可能需要更早地考虑生育问题。

（6）社会与家庭压力。权衡来自社会和家庭的压力，包括双方家长的催生期望。考虑你自己的内心感受，不要仅仅因为外界压力而作出决定。

在综合考虑以上因素后，你可以和你的伴侣一起制订一个适合你们的计划。这可能包括在读博期间生育，但调整科研进度；或者选择在毕业后生育，以便更专注于科研。无论做出什么决定，都要确保这是你和你的家庭共同的选择，并且是在充分沟通和理解的基础上做出的。同时，也可以寻求导师、学校或社会资源的帮助，以更好地平衡家庭与学业。

马　硕

本章小结

五大"法宝"，助你学习之路不迷茫

在这一章，针对同学们在专业学习和科学研究方面的诸多困惑，我们提供了深入探讨与解答。作为大学生，学习不仅仅是现在的"头号任务"，更像是一把开启成长与自我实现大门的钥匙。掌握了正确的学习方法，就像是得到了学术道路上的"加速器"。这里有五大"法宝"赠予你，助你披荆斩棘，一路畅通！

1. 坚韧心锚：保持乐观，持续努力

面对学习和科研的挑战，保持乐观的心态至关重要。每一次的失败，都是向成功迈进的一步。坚持努力，即使进步缓慢也不要轻易放弃，相信持续的努力会带来回报。你的每一分付出，都会在未来的某一天开花结果。

2. 成长罗盘：自我探索，目标导航

在面对任何学习或科研上的选择时，进行自我评估是关键。明确自己的兴趣、优势、长期目标以及短期需求，才能找到最适合自己的学习路径。根据个人情况设定实际可行的目标，并定期回顾和调整，确保每一步都朝着目标前进。

3. 资源背包：主动寻宝，争取支持

不要害怕寻求帮助，无论是导师、同学还是家人，他们都是

你最宝贵的资源。与他们分享你的困惑和挑战，你会发现，你并不孤单。别忘了，学校为你准备了各种资源，如学业辅导、学术指导、大咖讲座等，主动寻求资源，助力你的成长。

4. 时光舵手：驾驭时间，掌控生活

学会有效管理时间，区分任务的紧急程度和重要性，合理安排学习和科研活动。设定清晰的时间表，为不同的任务分配适当的时间，并确保有足够的休息和放松时间。记住，休息也是学习的一部分，掌握自己的生活节奏。

5. 适应之翼：灵活应变，展翅高飞

面对学习科研中的挑战和变化时，保持开放的心态至关重要。勇于尝试新的学习方法和科研策略，当发现原计划不奏效时，及时调整策略。每一次调整，都是向更适合自己的道路迈进的一步。

学习是一场美丽的修行。它不仅是为了分数和学位，更是为了塑造品格与灵魂、探索未至之境、成为更好的自己。掌握正确的方法，保持积极的心态，你将在学习的道路上不断超越自我，发现生命的无限可能，活出精彩人生。加油，每一位努力的大学生！

第二章
能力提升
与全面发展

　　大学生全面发展是指学生在德、智、体、美、劳等各个方面都得到充分的发展，能够适应现代社会的需求和挑战。进入大学校园，自由支配时间较多，第二课堂活动丰富多彩。社会实践、创新创业、文体竞赛、劳动教育、志愿服务等充实了同学们的校园生活，提升了同学们的各项能力与审美情趣，但同时也可能让同学们陷入忙碌、迷茫和盲从的困境。有的同学会遇到无法平衡课堂学习与课外实践，难以适应从高中生到本科生、从本科生到研究生的角色变化等问题。

　　本章内容，将陪伴你探索能力提升和全面发展方面的常见问题，从理想信念、角色适应、时间管理、创新创业、自我提升等方面出发，全面系统地解答你在大学阶段可能遇到的问题，为你提升综合素质、实现自我价值提供一些可行性建议。

从高中生到本科生，
我该如何适应角色变化？

刚进入大学，我感觉大学的生活与高中有非常大的区别。学习方面，老师的授课方式有很大不同。老师很少讲例题，讲课速度也比较快，一节课内讲的知识点比较多。我感觉自己很难快速掌握，课后作业也有较大的挑战。因此，我感觉自己有点跟不上节奏。在生活上，室友都来自各地，习惯也有所不同，有时会有矛盾。我该如何适应角色变化？

在目标规划、学习方法、生活方式和时间安排等方面，大学和高中相比确实存在很多差异。每一个初入大学的同学都存在着类似的困惑与焦虑，不知如何适应这样的变化，那么老师有几点建议想和大家分享。

第一，要调整自己的心态，逐渐尝试用平和的心态对待所遇到的困难和问题，不要过分焦虑。

任何物体都有惯性，对于个人而言，熟悉的环境总能给我们带来安全感，而一旦角色转变，进入了新的环境或者人生阶段，紧张、担忧、迷茫都是通往下一个稳步发展阶段所必须经历的。进入大学，也许你跨越了上千公里的距离，来到了陌生的城市；也许这是你出生以来第一次长时间离开父母，要开始独自奋斗；也许你从未经历过集体生活，陌生的人让你不知如何相处；也许你感叹着身边众多佼佼者的优秀，倍感落寞……这些可能会带给你恐惧和不安，但不要过度焦虑，要相信自己是优秀的，新的平台会给予你新的机会，你会遇到新朋友，掌握新技能，逐渐适应新的环境。在这个过程中，你要充满信心，给自己更多的鼓励和期待，相信积极乐观的人生态度和坚持不懈的努力一定能够让你平稳地度过这段时期。你要找准自己的定位，培养自己的兴趣爱好，形成你专属的学习和生活模式，并挖掘自己的无限潜能，创造精彩的大学生活。

第二，要找到正确的方法，始终坚信办法总比困难多。遇到问题时，不妨换个思路，换条道路。

比如当你课上无法跟随老师的讲课速度，不适应新的授课方式导致很难快速掌握知识点，也无法完成课后作业时，不妨尝试利用网络资源，寻找合适的教学视频来复习课堂知识；或是求助其他同学，共同探讨，在讨论中提升自己。有时候，你也可以从自己熟悉的领域入手，完成一些小任务和事情。通过这些小事情，你可以感受到成就感，建立对大学生活的自信，然后再逐步挑战自己，尝试更多有挑战性的工作。你可以在社团活动中发挥自己的特长，在与人相处中展现自己的友好，在学习领域中展现自己的优势，这些都是你的优点，也是你自信的来源。此外，要记住你并非孤军奋战，你随时可以向辅导员、室友、同学求助，甚至是线上和父母、多年的朋友等沟通和交流自己所遇到的困惑。与他人交流的过程本身就能够帮助你更好地梳理问题，探索解决方案，也会给予你面对问题的勇气和力量。如果需要的话，及时主动向辅导员寻求帮助，共同分析和解决问题。

第三，适应的过程总是需要一段时间的，要按照自己的节奏慢慢来。

每个人的情况不同，适应能力不同，不要因为别人适应得比自己快而对自己产生怀疑。每朵花都有自己的花期，所以一定不要太着急。初入大学，我们不必纠结于别人的优秀，因为很多时候发现别人的优势是一件简单的事情，但是发现自己的闪光点是很难的。千篇一律的优秀并不是真正的优秀，我们不需要复制他人的成功，而应该努力发现自己的价值所在。这个过程中，我们首先需要确立自己的大学目标。只有明确了长远目标，我们才能更快地适应新的环境。其次，要做好时间规划，克服拖延，做到今日事今日毕。另外，在学习之余也要培养自己的兴趣爱好，找到精神的寄托，这样才能让我们在新的环境中有归属感和幸福感。在这个过程中，我们可以按照自己的节奏，走出独特的成功之路。

平和的心态和自信的态度是完成从高中到大学生活过渡的基础。正确的方法和合适的节奏能够事半功倍，问题的存在本身并不可怕，可怕的是你不敢正视问题的存在，不敢迈出解决问题的步伐。一帆风顺的人生有时也会令人觉得乏味，偶尔遇到的挫折本身也能够点缀你的人生。当你通过自己的努力完成角色转变、适应大学生活时，你一定能够成就不一样的自己。未来这段酸甜苦辣交织的日子，一定会成为你人生中难得的宝贵回忆。所以，不要害怕，不要担心，勇敢无畏地拥抱你的大学生活吧！

邹碧铖

从本科生到研究生，
我该如何适应角色变化？

我是一名正在读本科的学生，即将进入研究生阶段，请问从本科生到研究生，该如何适应角色变化？在研究生阶段，哪些能力是最重要的？我该如何提升呢？

研究生阶段的学习方式和培养目标相比本科生阶段会有很大变化，因此需要及时调整自身状态，积极面对变化，主动寻求改变。

首先要明确研究生的定位。研究生是高等教育的一种学历，在完成本科专业课程学习的基础上，在本专业继续进行创造性学习。通常需要选定一个研究课题，在导师的指导下，基于现有研究成果进行更深入的研究。为了适应这种角色转变，应该注意以下几个方面。

第一，掌握高效的学习方法。

在研究课题方向确定后，需要自行设计研究的技术路线，并根据研究需要，有针对性地确定学习内容。这包括研究所需的基础理论知识、文献检索与管理方法，以及科研工具的使用方法等。具体方法包括：①制订研究计划，将长期计划和短期计划结合。将研究课题分解成一个个阶段性任务，按照不同的时间尺度制订研究计划。②重视文献阅读。阅读文献是开展科研工作的基础，有助于了解相关研究方向目前的研究进展。在阅读文献时要有选择性，优先阅读近几年发表在顶尖期刊上的论文。开始时可以先阅读摘要和引言，筛选出最具参考价值的文献，并进一步精读。③做好整理记录。对于研究思路、遇到的问题、重点文献以及实验结果，要及时进行记录和总结，为论文撰写做好素材储备。

第二，保持良好的心理状态。

科研工作是对未知领域的探索，遇到困难和失败是正常的，科学实验就是一个不断试错的过程，往往要在多次尝试中总结经验，调整研究思路和方法，这是走向成功的必经之路。因此，要坚定信心，不要因为遇到挫折就灰心丧气，更不要轻易否定自己。不要有畏难情绪，也不要因为之前没接触过某个研究方向或相关文献较少就止步不前。只有通过尝试，才能确定是否合适。对于新的课题，可以尝试先从复现别人的工作开始。在这个过程中，不要追求完美的结果，而是一点点地进行迭代优化，逐步提升结果的质量。

第三，建立融洽的人际关系。

研究生的科研学习更加注重与他人的交流，通过交流可以获取信息，解答疑惑，甚至激发灵感。研究生最重要的人际关系之一就是学生和导师之间的关系。导师有丰富的科研经验和广阔的专业视野，因此研究生培养的每一个环节都离不开导师的参与。要重视与导师交流的机会，通过定期的研究进展汇报，将一段时间内的研究情况进行总结梳理，让导师了解你目前真实的研究进展，从而给出更有针对性的建议。同时，有困难也要及时向导师反馈，共同讨论解决。此外，还要与同实验室、同课题组的师兄师姐多交流，他们通常和你有类似的研究经历，可以提供更具体的建议。另外，还需要充分利用参加学术会议或研讨会的机会，积极与同行交流，了解同行最新、最具时效性的研究情况。

因此，为了适应研究生阶段的学习生活，做好本科到研究生的平稳顺利过渡，应该着力培养以下三种能力。

一是独立思考的能力。保持审慎、客观、辩证的思考态度。科学研究是开放性的，没有标准答案，也没有固定的研究路径。要善于思考分析，不盲从或迷信别人的研究，不被动接受别人的观点和结论。通过综合比较和辩证分析，认识到哪些方法好，哪些方法不好，以及哪种方法适合自己。

二是管理情绪的能力。努力保持处变不惊、从容洒脱的心态，遇到困难和压力时，给自己积极的心理暗示，勇敢面对。合理安排时间，做到劳逸结合，在闲暇时可以与同学朋友相约出游，放松身心。特别是科研遇到瓶颈时，可以通过休息以及参加文体活动转移注意力，以调整科研节奏，并跳出思维的局限。在情绪低落时，也可以向知心好友、专业人士倾诉，避免持续精神内耗。

三是沟通交流的能力。保持积极主动的沟通意识，主动与他人建立联系，及时寻求外部支持和帮助。事先准备好沟通的内容，明确沟通的目标，梳理逻辑思路，从而提高沟通的效率。注意沟通态度，提高沟通的亲和力，以获取他人的认可和支持。积极争取当众发言的机会，提高自己的表达和演讲能力。

最后，学习科研并不是研究生阶段的全部。希望你能珍惜宝贵时光，享受奋斗过程。研究生阶段所实现的个人成长和教育增值是你所有经历的总和，要积极大胆地尝试，积累人生阅历，丰富生命体验，广泛结识朋友，迈出舒适区，积极拥抱变化。希望你能够度过充实愉快、富有意义的研究生阶段。

郭晨雨

身边的同学都在积极入党，我要不要申请？

大一刚开学，身边的同学都纷纷递交了入党申请书，我之前从没考虑过这个问题，看到大家都在向党组织靠拢，我不知道是不是也要申请？

很高兴你在初入大学便对入党问题产生了思考，这是一个非常值得探讨的话题。我很乐意从以下几个方面来帮助你理解这个问题，并做出自己的决定。

第一，你需要对党有着清晰正确的认识。加入一个组织，就要了解一个组织的过去，看清一个组织的未来。170 多年前，马克思和恩格斯就鲜明指出，共产党人的远大理想，就是要建立一个没有压迫、没有剥削、人人平等、人人自由的理想社会。近代以来，正是在这种崇高理想的召唤下，无数的中国共产党人在黑暗中看到了希望之光，他们为了理想信念前仆后继、舍生取义，用血肉之躯推动着中华民族逐步走向独立、富强和复兴。《中国共产党章程》开宗明义地指出：中国共产党是中国工人阶级的先锋队，同时是中国人民和中华民族的先锋队，是中国特色社会主义事业的领导核心。而中国共产党党员是中国工人阶级的有共产主义觉悟的先锋战士，必须全心全意为人民服务，不惜牺牲个人的一切，为实现共产主义奋斗终身。在如今百年交汇的重要历史节点，中国共产党将始终牢记初心使命，发挥先锋模范作用，吃苦在前，享受在后，为实现第二个百年奋斗目标团结奋斗。

第二，你需要充分意识到，为什么众多优秀的前辈都选择了入党。入党是为了什么？可能每个共产党员的答案都不相同，但又同归于为人民谋幸福、为民族谋复兴的初心使命。方志敏在《可爱的中国》一书中写道："敌人只能砍下我们的头颅，决不能动摇我们的信仰！因为我们信仰的主义，乃是宇宙的真理！""两弹一星"元勋钱学森在他简短的入党申请书中写道："我体会到党的伟大，党为实现共产主义社会这一目标的伟大，我愿为这一目标奋斗，并忠诚于党的事业。"中国核潜艇之父黄旭华在他转正的思想汇报中引用列宁同志的话表明心志，他写道，如果祖国需要他把血一次流干，他就一次流干。"全国脱贫攻坚楷模""七一勋章"获得者黄文秀在本科期间便申请入党，她在入党申请书中写道，一个人要活得有意义，生存得有价值，就不能光为自己而活，要用自己的力量为他人，为国家，为民族，为社会作出贡献。百年历史长河，这些铮铮誓言是初心的回响，是信仰的力量，是无数革命先辈为之拼搏的目标，也是无数时代青年未来奋斗的方向。

　　第三，你应该充分了解，申请入党以及正式入党之后自己需要做些什么，能做些什么。如果你决定申请入党，那么你将有机会更加深入地学习党的理论、路线、方针、政策，增强党性修养和政治觉悟。同时，你还需要在以下几个方面做出努力，一是要不断端正自己的入党动机，树立远大理想，具有正确的价值追求；二是要加强党的理论知识学习，提高自己的政治素养和理论水平；三是要把自己的理想融入党的伟大事业，在平时的学习、工作和生活中带动群众，帮助他人，切实起到先锋模范作用；四是要保持端正的学习态度，勤奋刻苦，成绩优良，积极参与科研和科创工作；五是以集体利益为先，认真完成组织交办的任务，积极承担管理和服务工作，主动参与志愿服务和各类集体活动。在正式入党后，你应认真履行《中国共产党章程》中规定的八项义务，同时享有八项权利，并且在以上几个方面中做出更多的努力，将入党时的铮铮誓言转化为自身的实际行动，践行党全心全意为人民服务的宗旨。

　　习近平总书记指出，"人生的扣子从一开始就要扣好"。入党是一个严肃而庄重的决定，需要你在思想和行动上做好充足准备，并探索适合自己的发展方向。无论你目前是否决定好要申请入党，都希望你能保持一颗积极向上的心，努力学习，不断进步，为实现中华民族伟大复兴贡献自己的力量，在国家发展的道路中实现人生价值。

陈伟志

向往军营的我，
要不要在大学期间参军入伍呢？

我从小是个军迷，家里也有亲戚在部队。看到学校征兵宣传，我蠢蠢欲动，很想去军营看看。但是我担心参军入伍几年，退伍后跟不上原来的学习节奏，和熟悉的班级同学也要分开，内心有点纠结。我该怎么考虑这个问题？

很欣慰你对绿色军营有强烈的向往，参军入伍可以是一场披荆斩棘的蜕变，也可以是一趟不负家国的征程。近年来，随着国防和军队现代化建设的不断深入，越来越多的高校大学生选择携笔从戎。根据众多大学生参军入伍的体验感受，有以下几个方面供你参考：

其一，实现儿时梦想，感受浓厚的集体情。参军入伍、手握钢枪可以实现自己儿时报效祖国、献身国防的愿望。特殊的军营集体生活氛围，与战友一同摸爬滚打，能够充分引发个人对于"个体与集体""自由与约束""自我与奉献"的深入思考，在浓厚的集体氛围中感悟积极奉献的报国情怀。

其二，走出舒适区，更快成为"六边形"战士。参军入伍可以锻炼个人的吃苦耐劳精神，培养强烈的组织纪律性和团队协作能力。在特殊的部队环境中，大学生将面临各种挑战，通过长时间的战斗训练生活，不仅能够有效地打磨个人的人际沟通能力和组织协调能力，还能更好更快地成长。

其三，获得全方位保障，减轻后顾之忧。国家对于征召大学生入伍的措施中，确实有着明文规定的优待政策。在高校层面，部分高校针对退役大学生就读期间转专业、评奖评优等方面出台了优待政策。而在国家和社会层面，国务院组建了退役军人事务部，旨在维护军人和军属的合法权益。

与此同时，退伍后的学业、人际交往、角色转变等问题也让许多同学在军营门前望而却步。同学们不必过分担心，因为部队生活并非大家想象得那般单调枯燥。

一是关于如何面对学习压力的问题。在新时代高科技作战的背景下，士兵要学习更前沿的武器装备理论，接受更深刻的思想政治教育。即便是单调的体能训练，也在逐渐向科学训练和趣味训练转变。在部队中，同学们也会因为接触到优良的师资、前沿的知识而开始更好地学习。

二是关于如何面对人际交往的问题。部队是一个大熔炉，战友来自天南海北，学历层次和成长环境各不相同。部队里的各类任务和活动需要的从来都不是单打独斗，而是团队的全力协作。经过部队的锻炼，相信每一位退役大学生士兵都能够掌握良好的团队协作和沟通交流技巧，并能够处理好人际交往问题。

三是关于如何面对角色转变的问题。"由俭入奢易，由奢入俭难"，参军入伍最苦的时期是新兵连的三个月，因为在这段时间要实现从一个普通青年到一名合格军人的转变，适应军人身份。而在之后的部队生活中，我们可能会在不同岗位承担不同任务。相信经过多次角色身份的转变，退役复学后，我们同样能够实现从士兵向学生身份的转变。

当个人从军报国的理想与退伍复学现实问题发生冲突时，我们应该如何选择呢？

首先，用发展的眼光认识自己，才能看得更清。我们首先要肯定参军的价值，正确认识参军对自己品格、心性和意识的积极作用。综合自己的现状，学会终身成长，由"朋辈压力"过渡至"朋辈自信"。同时，军人是全社会尊崇的职业，国家的政策和人民的支持能够让尽义务的人"政治上有提高、经济上有优待、工作上有保障、发展上有未来"。

其次，重视自身的"内功"修炼，才能长得更高。当前，世界之变、时代之变、历史之变正以前所未有的方式展开。只有加紧修炼"内功"，个人才可能在未来的竞争中游刃有余，才能真正做到"中流击水，浪遏飞舟"。部队是一座大熔炉，相对严苛的训练生活环境和丰富经历有利于个人成长成才。

最后，紧跟国家和民族发展，才能走得更远。当前，世界百年未有之大变局正加速演进，改革发展任务艰巨繁重，社会发展面临的新机遇和挑战层出不穷。面对机遇和挑战，只有与人民一道拼搏、同祖国一道前进，才能行至远方。在部队中锻炼为人民服务的本领，培养为祖国奉献的意识，祖国也终将会选择那些选择了祖国的人。

谭棋仁

海外交流，
是否有必要？

我知道海外交流可以拓展我的学术视野，提高语言能力，并且还能申请到奖学金等资助。但是，我也担心海外交流可能会增加我的负担，比如经济压力和文化适应等问题。我想知道，在大学期间是否必须参加一次海外学术交流？哪种类型的交流更适合我？

在全球化、国际化不断推进的背景下，我相信"海外交流"对你来说并不陌生。提到海外交流，大家都会想到其对个人成长和发展起到的一些积极促进作用。

其一，开阔国际视野，提升学术研究水平。海外交流有助于拓宽视野，培养全球意识和跨文化沟通能力。通过参与海外交流，同学们可以直接与国外教授、同学进行学术碰撞，增加专业知识的积累，了解最新的学术进展，学习国外先进的研究方法和技术，为未来的学术道路或职业发展做准备。

其二，提升语言能力，体验多元文化，增强自信和独立性。亲身体验和接触不同国家和地区的文化，与当地人民交流互动，了解异国风土人情，这样的经历可以让大家更加深入地了解世界。海外交流期间，需要自己独自面对新环境、困难和挑战，这有助于培养大家的自信心和独立性，提高解决问题和适应环境变化的能力。

其三，增强国际竞争力，在国际舞台上展现自己的风采。大家可以在海外交流期间，让国外教授、同学了解真实的中国，展示中国传统文化的魅力，讲好中国故事。

海外交流的确有很多益处，但在确定出行之前，需要做好充足的准备工作。

一是确立个人目标和期望。在决定是否进行海外交流前，需要明确自己参与海外交流的目标和期望。

二是制订学术和职业发展规划。如果海外交流的学校、专业、教授与自己的专业领域契合，那么海外交流可以提供宝贵的学术积累和职业发展机会。

三是计算经济和时间成本。海外交流通常需要一定的经济投入和时间成本。需要通盘考虑自己的经济状况和时间安排，以确定是否有足够的资源、支持和时间参与海外交流活动。

四是培养语言能力和文化适应能力。同学们需要评估自己的语言和文化适应能力，是否能够适应当地的语言和文化环境。如果语言能力有限或者对文化差异的适应能力较低，可能需要更多前期的语言准备和心理支持。在心理上要做好建设，告诉自己"你可以做到"。

考虑好以上因素后，同学们可向外界寻求必要的帮助和支持。大家可与所在高校的国际交流部门、学院老师、学长咨询申请及交流的经验，也可以通过互联网，与欲申请交流院校的教授、学生进行沟通。

选择交流学校和项目方面，应当根据自己的专业和专长，选择合适的海外交流项目，包括学术交换、实习、志愿者等。在选择项目时，需要了解项目的要求、申请流程和时间安排。同学们可通过所在高校的国际合作与交流部门网站找到相关信息。此外，还可以通过自己的导师联系合作的教授，进行双方的联合培养。

经济资助方面，需要预先评估交流期间的学费和生活费用，准备足够的资金以支付可能的额外费用。教育部及各高校都有各种鼓励海外交流的政策和项目，并设立了各类奖助学金，以鼓励优秀学生进行申请。

语言准备方面，需要提高语言能力以便更好地交流。许多交换项目对语言成绩有一定要求。因此需要根据所想参加的交流项目要求，计划外语等级考试。以英语国家为例，可以考虑参加大学英语六级、雅思、托福等考试。

文化适应方面，可以通过浏览网页、阅读书籍、观看影音视频，以及与了解目的地国家的人交谈等方式，提前了解目的地国家的文化差异和习俗，做好文化适应准备和心理准备。需要引起重视的是，需提前了解目的地国家的法律法规，以确保个人安全。

作为青春的一代，希望同学们自信坚定地站在国际舞台上，眼有星辰大海，绽放梦想之花，不负青春，不负韶华。

孙　思

上了大学，
需要参加勤工助学吗？

进入大学之后，我发现很多同学利用课余时间在学校、学院开展勤工助学工作，我和同学也聊过这个话题。有些同学觉得勤工助学能锻炼自己，让课余时间得到充分利用，同时还可以减轻家庭压力；但是有些同学则认为勤工俭学是在浪费时间，还影响学业，您怎么看？我需要参加勤工助学吗？

你提出的这个问题很好，它涉及你的大学生活和未来职业发展的方方面面，需要仔细斟酌。

让我们先来看看勤工助学可能产生的积极影响。

其一，勤工助学有助于早日实现经济独立。勤工俭学可以帮助你减轻家庭的经济负担，为自己赚取一部分学费和生活费，从而改善个人的经济状况，减轻父母的负担。

其二，勤工助学可以提升个人能力，丰富人生经验。在勤工助学的过程中，你可以锻炼交流沟通、时间管理、团队合作和问题解决等能力，在你未来的职业发展道路上，这些经验会发挥重要作用。

其三，勤工助学可以为你提供社交机会。在勤工助学的过程中，你可能会认识来自不同专业和年级的人，这为你提高社交能力提供了良好的机会。

然而，正如任何事情都具有两面性一样，勤工助学也伴随着一些挑战。

一是时间管理挑战。作为一名大学生，你的首要任务是学习，在繁忙的学业生活和工作之间寻求平衡可能会很具挑战性。如果你不能有效地管理时间，勤工助学可能会影响你的学业成绩和学术表现。

二是身体素质挑战。长时间的学习和工作可能会对你的身体造成疲劳和压力，进而影响到整体健康和学术成绩。

三是机会成本挑战。投入大量时间在勤工助学上可能会让你错过参与学生组织和社团、实习、实验室工作等机会，这可能会影响到你未来的综合发展。

那么，是否应该参加勤工助学呢？这需要你根据自身情况和目标作出决定，以下是一些建议，供你参考：

（1）制订明确的计划。如果你决定参加勤工助学，请确保制订一个合理的时间表，均衡安排工作、学习、运动和休息时间，先完成最重要和最紧急的任务，同时保持灵活性，根据自己的需求和目标及时进行调整。

（2）选择适合你的工作。在选择勤工助学岗位时，可以尽量考虑与你专业相关或对你未来职业有帮助的工作，以便获得更多的经验和技能。同时，也可以考虑校内或学校附近的工作机会，这样有助于更好地协调工作和学习时间。

（3）寻求支持。如果你感觉难以平衡学业和工作，可以请教你的思政老师或专业老师，寻求他们的建议和指导。同时，也可以与学长进行交流，听取他们的经验和建议。此外，在遇到学业和工作压力时，也可以寻求心理咨询师的帮助。

（4）定期评估。可以给自己设立一定的时间段，例如每学期结束或每年年末，来回顾你的学业和工作表现。如果你发现勤工助学工作对自己的学业产生了负面影响，那么可以考虑减少工作时间、寻找更灵活的工作机会，或是考虑是否要继续开展勤工助学工作。

如果你单纯因为家庭经济状况考虑参与勤工助学，却因课程繁忙而苦恼，那么建议你优先学业。同时，可以向思政老师了解奖学金、助学金、助学贷款、临时困难补助等政策，以解决燃眉之急。国家和学校承诺不让一个学生因家庭经济困难而失学。

在校期间，开展勤工助学活动的途径是多样的。你可以通过学校老师介绍或勤工助学部门推送的信息来报名担任办公室助管。高年级的同学也可以考虑担任"双肩挑"辅导员、行政管培生等。此外，还可以通过官方渠道发布的家教信息或是靠谱学长的推荐来担任家教。但在此过程中，请你一定要注意自身安全，辨别真伪，避免跌入各种求职陷阱。在大学期间，做出决策时需考虑个人的需求和目标，这不仅仅包含学术层面，也关乎个人的成长和发展。在有效的管理下，勤工助学可以为你增加有益的经验，对你的大学生活产生积极影响。

最后，需要提醒你的是，无论选择何种途径参与勤工助学，一定要遵纪守法，通过合法途径来获取报酬。在自身权益受到侵犯时，一定要懂得依法保护自己，必要时向思政老师、学校保卫处等寻求帮助，维护自身的合法权益。希望这些信息能帮助你更好地理解勤工助学的利与弊，并为你的决策提供一些指导。无论你做出什么决定，我都鼓励你积极参与大学生活，追求自己的目标，为自己光明的未来努力奋斗！

李沐霏

我该怎么静下心来阅读？

最近我发现，进入大学之后我的自制力与执行力越来越差。中学时由于学业压力过大，我没有太多精力阅读课外书籍。到了大学，在我拥有更多自主时间的情况下，却很难进行深度阅读。此外，在零散的闲暇时间，我更倾向于刷手机等电子产品，也很难做到有效阅读。请问老师，我该怎么静下心来利用课余时间阅读呢？

根据上海大学生阅读状况调查报告，大部分大学生认为阅读很重要，但很多同学在面对更多的自主时间时却发现自己无法专注于阅读。进一步观察发现，所谓的"读不进书"问题可以分为两个方面：一是在进行系统阅读时难以保持注意力，从而无法进行深度阅读；二是大部分可用于阅读的时间被消耗在游戏、小说、短视频等娱乐活动上。

当发现自己"读不进去"书时，大部分同学会感到困惑，会反问自己："我到底怎么了?"我们往往会在开始阅读时热情满满，但不久后就会发现自己的思绪开始放飞，注意力无法集中。此后，外界环境的干扰会进一步加剧，导致我们在小说、社交软件等娱乐活动中度过了剩余的空闲时光。在一次次的拖延放纵中，我们进行深度阅读的时间越来越少，对深度阅读的意愿和能力也似乎在下降，使我们陷入一种"恶性循环"，从而变得越来越难进行深度阅读了。

那到底是什么导致了上述现象呢? 从内在角度分析，主要是缺乏主观能动性。一方面是阅读意愿不够，没有明确想要的阅读收获；另一方面是执行力不够强、专注度不够高，不能够沉浸于系统阅读并进行有效思考。从外在原因分析，这是时代快速发展的副产品。在大众传媒的泛娱乐化、生活节奏的快速化、知识获取的便捷浅层化、社会要求的"标准化"等诸多大环境因素共同作用下，人们变得愈加浮躁，安静地读一本书的困难不亚于曾经的"无书可读"。

我们不必急着阅读，在阅读前不妨思考一下自己的阅读目标与身心状态。阅读的目标不尽相同，当你有了阅读的迫切愿望时，务必将你的阅读目标强化到你的实际行动当中——先实现"由 0 到 1"的突破，再持续不断地阅读下去。同时，我们也要切实评估自己的状态。尽管大学的自主时间更多，但长时间的学习与活动可能使你感到"累"。不妨先休息，在阅读比较困难的书籍之前清空繁杂的思绪。静下心来再投入阅读中去，相信自己，沉淀下心中的焦急和浮躁，然后切实地去阅读、去提高自己，脚踏实地，高山可平！

我们再来一起探讨一些有效提升阅读质量的具体方法：

第一，不妨给阅读加上一点小小的"仪式感"。

在从"读不进书"到"深度阅读"的过渡时期，一些客观的约束或许可以帮助到你。也许是正式读书前的洗脸清醒、冥想静心，也许是关掉网络、断开与现实的连接，甚至可能是诱惑源的"物理枷锁"，还有预期再读5分钟的心理设定。这些方法能有效地帮助我们摆脱泛娱乐化的生活习惯，避免阅读的3分钟热度，逐渐提高个人的自制力与执行力。

第二，要注重阅读的过程。

在阅读时，我们就像是一张白纸，在阅读的过程中不断留下痕迹。在读完一本书之后，我们便像是一幅画，画面内容因人而异。不关注阅读过程的人往往忽略沿途的美景与隐秘的宝藏，又何来最后的收获呢？在阅读的过程中走走停停，赏闲庭花开花落，望碧空云卷云舒，何尝不是一种享受？

第三，要学会处理长时间和碎片化阅读之间的关系。

利用零碎时间阅读是一个不错的思路，但是一定要记住，碎片化的阅读最终是为了个人发展服务的。在此之后，我们一定要静下心来，认真阅读自己通过碎片化阅读获得的相关知识书籍，认真反思涉及的观点，在给观点下定论或形成自己的思考观点之前，务必让自己获得足够的观点论据，进行充分的逻辑思考，这样可以避免浮躁的阅读给自己带来观点而非知识的错觉。

第四，阅读之中，动笔动脑动嘴动心。

可以适当记录自己阅读时间和阅读后的想法，可以是具体的，也可以是抽象的。一方面有助于集中注意力和归纳总结；另一方面，也能让你获得阅读的成就感，使你在书海中找到一桩浮木，继续徜徉其中。基于此，你还可以尝试与他人交流阅读思考成果，比如与三五好友畅聊感想，增进阅读见解的同时也加深彼此的友谊。此外还可以与一些专业学者交流，提升自己的思考深度。

千人有千法，但与其盲目尝试每一种，不如自己思考一下这些方法是否能解决自己存在的内在或外在具体问题，学会思考方式对自己而言才是最重要的。学会了"渔"，才能在阅读的过程中自给自足，获得"鱼"。

在如今快速且多元化的现代生活中，深度阅读看似获取知识成果周期长，但获取的知识深刻而完整。总之，希望你能对自己的困难有清晰的认知，认真思考并采取适当的方法。相信只要你愿意静下心来进行深入阅读，你一定能够不断提升自己！

徐圆融

总是完不成制定的运动目标，
该如何更自律？

自从不用上体育课之后，由于我缺乏对体育项目的兴趣，也不能规律地参加体育运动，临近体能测试阶段，我希望可以提前参加一些体育锻炼运动，却无法有效地采取行动，请问老师，我该如何克服惰性？

无法有效锻炼、难以完成运动目标等现象在大学里并不罕见，主要原因普遍存在于难以合理安排时间、缺乏目标动力以及运动计划等方面。有研究指出，自律是实现运动目标的关键要素之一。自律可以被理解为对自己行为、时间和目标的控制和管理能力，其能帮助我们更好地管理时间、坚持目标并克服困难。因此，培养自律性是大学生们实现运动目标的重要一步。完成运动目标需要不断地保持自律，坚持锻炼计划、保持积极的心态，并养成良好的运动习惯。

那么，如何更自律呢？作为大学生又该如何去做呢？

第一，寻找科学方式，达成自然而然的自律。

为完成运动目标，实现自律，同学们往往效仿他人，制订着看似科学完美的计划。然而，大家是否清楚自己的体质状况？一天中精神最饱满的时段是何时？要做的事情的优先次序是什么？自律的根本在于摸清自身体质，找到运动和日常学习、生活之间的平衡。具体实施大致包含以下三点。

一是寻找适合自身的运动方式。每个人对于运动的喜好和选择有所不同。寻找适合自己的运动方式将更容易坚持下去。可以尝试一些不同的运动项目，如跑步、游泳、瑜伽、健身操、羽毛球等，找到相对适合自己的运动方式。

二是确定合理明确的小目标。想要完成任何运动计划，设置合理的小目标尤为关键。这个目标可以是完成一次锻炼，也可以是增强上肢或下肢某块肌肉的能力等。目标越小越明确，越有助于激发你的动力，也可以避免因目标过高而感到压力过大。每次达到一个小目标时，你都会得到一份成就感，从而更容易坚持下去。

三是发掘适配自身的时间计划。合理安排时间是实现运动目标的关键，你可以通过制订一个详细的时间表，包括学习、休息和运动的时间，从而确保每天都有足够的时间进行运动。但对于大学生来说往往难以实现，不要盲目模仿他人制订严密的运动日程表并强加于自身，或许灵活的时间模块设置更适合于激发自身的运动热情和潜能。

自律并不是跟风，而是找到最适合自己的平衡，达成自然而然的自律。

第二，形成不间断的运动习惯，让身体成为自己的"友军"。

显而易见，完成运动目标是"痛苦"的，面对这些"痛苦"，只有通过不间断的训练让身体逐渐适应这种强度，才能逐渐习惯这种生活方式，养成规律锻炼的好习惯。然而，大部分同学一旦下定决心运动，往往每天练习 3～4 小时，不仅自身筋疲力尽，且长时间的大运动量训练也容易导致运动损伤，从而产生畏难心理，更加排斥体育运动。因此，将运动纳入你的日常生活习惯中，寻找志同道合的伙伴一起进行规律性的运动，增加运动乐趣，也可以获得支持和鼓励。只有保持住不间断的运动节奏并养成运动习惯，运动才更容易成为生活的一部分，而非额外的负担。

第三，发现并磨炼"自控力肌肉"，找寻坚持运动与休息之间的平衡。

自律的核心不是爆发力，而是耐力。斯坦福大学心理学教授凯利·麦格尼格尔在《自控力》一书中提出，自律是存在极限的，意志力就像肌肉一样会面临"筋疲力尽"的情况。"自控力肌肉"虽然看不见摸不着，但和人体的肌肉一样，用多了总会酸痛，需要休息。因此，想要长期坚持运动，需要把控运动与休息之间的平衡。在实现运动目标的过程中，产生困难、失败或遇到挫折是正常的，重要的是要保持积极乐观的态度，在不断克服困难的过程中磨炼"自控力肌肉"，在不断地"筋疲力尽"中提升肌肉力量以及自控力的上限，进而更好地坚持运动。此外，坚持运动的过程中常会遇到"瓶颈期",其往往表现出易于劳累,难以坚持且看不到明显的运动效果,容易陷入迷茫的状态。正如《刻意练习》一书中建议的那样,度过瓶颈期的方法之一是尝试着做一些不同的事情,而非更困难的事情。因此,适度休息或尝试参与其他类型的体育运动都是度过瓶颈期的有效方法。你可以选择待在宿舍休息或者做一些其他喜欢的事情,也可以尝试参与一些不同类型的体育运动,例如日常喜欢跑步,可以尝试跳绳或游泳等运动,从而度过运动瓶颈期。

保持乐观心态,适当休息,才能更自律!

总之,实现运动目标,提升自律能力这件事因人而异,但其核心在于了解自身体质情况,培养不间断的运动习惯,找到坚持运动与休息之间的平衡。每天多一分钟自律,就能让大学生活变得更加值得期待。希望这些建议能对大家有所帮助!

修霆喆

如何规划大学的生活开销？

　　我爸妈在学期初给了我一整个学期的生活费，由于我之前没有记账和规划生活费的习惯，总是在月末很拮据，还常用花呗透支下个月的生活费，因此我很担心收到一学期生活费后，自己在前半学期就把它花完了，所以想向老师请教如何规划一学期的生活费，合理花销呢？

　　关于大学生生活费的管理，是每位初入大学校园的学生都必须面对的问题。我自己在刚进入大学时，也曾有过这样的经历。大学生活与高中相比，开销更大，支出更为复杂，且时常会遇到大额支出的情况。一次性拿到"巨款"，若没有合理的规划，很容易导致"前松后紧"的局面。对此，我建议将生活费分为储蓄和消费两大部分进行规划管理。

　　第一，要合理分配资金，严格按照计划支出。

很多时候，问题并非出在生活费太少，而是缺乏合理的规划。我建议，拿到生活费后，可以将其平均分配到每个月，并从每月的生活费中拿出 20％ 作为储蓄，40％ 用于餐饮、交通、生活用品等日常开销，30％ 用来投资自己的成长，比如购买学习资料、书籍、课程或参加培训等。大学生应尽早学会资金规划，为父母减轻负担，建立独立的经济基础。资金规划不仅有助于提高自我管理能力，还能节省不必要的开支，提升个人的规划与管理能力。正如美国理财专家柯特·康宁汉所言："不能养成良好理财习惯，即使拥有博士学位，也难以摆脱贫穷。"因此，在大学时期，主动培养资金规划意识、形成良好的资金规划习惯、掌握必要的资金规划常识都是至关重要的。

第二，要学会简单的理财方法，增加资金收益。

大学生尚未有固定的收入来源，因此对风险的承受能力应谨慎对待。我并不推荐参与高风险的理财项目。当然，如果你每个月有资金剩余，即使损失掉也不会影响生活品质，那么抱着学习的态度尝试一下也是可行的。提前了解证券市场的运作模式对未来的生活会有一定帮助。另外，可以将剩下的 10％ 作为机动费用，以应对预算超支时的意外支出，如旅行或紧急医疗等。

第三，要节省开支，避免无意义的消费。

学习是大学生的首要任务，不应把过多精力放在赚钱上，因此生活费的"节流"就显得尤为重要。例如，可以减少无意义的社交活动，在购物前问自己："我真的需要这个东西吗？"我们需要理性消费，避免陷入消费陷阱。对于大学生来说，实用性消费应该是首要考虑的。

第四，要尝试增加收入，学会赚钱的方法。

在大学里，如果想要"开源"，有两个方向可以考虑：一是通过学习赚取奖学金，这是性价比最高的赚钱方式之一；二是通过实习或兼职赚取报酬，但应以学习提升自己为主。只要抱着学习的心态，能够实实在在地学到东西，那这样的兼职或实习就是有意义的。

第五，要做好记账工作，提高对生活的掌控力。

通过记账，大学生可以每月有计划地进行开销，这样生活费不仅不会超支，也许还会有一定的结余。记账的魅力就在于此。在记账的同时，如果能配合预算效果会更好。通过记账，不仅能了解自己每年的生活费是多少，还能激发自己更好地生活。到那时，我们会发现，不仅校园景色美丽，校园生活也同样美丽。

第六，要提高警惕，谨防诈骗。

近年来，各种诈骗手段层出不穷，看似离自己很远的电信网络诈骗其实往往就发生在我们身边。骗子的骗术变得越来越狡猾多样，兼职刷单、冒充客服和"杀猪盘"诈骗是最常见、危害最大且影响最广的三种诈骗类型。要避免这类事情的发生，首先要保护好个人信息，在社交媒体上分享个人信息时要谨慎；其次，要妥善保管好手机、钱包、银行卡、证件等重要物品，如发生丢失要第一时间挂失；再次，不要轻信网络上的投资理财信息，避免陷入网络诈骗的陷阱；最后，要努力提高自身防范意识，不给诈骗分子可乘之机。

第七，要避免过度超前消费，落入套路贷、校园贷的圈套。

我们应减少超前消费、过度消费和从众消费行为，做到合理消费、理性消费、科学消费。另外，掌握一定的金融知识和网络安全知识也是必要的。要树立正确的金钱观和价值观，多与家长、老师沟通，在正规平台学习相关知识。此外，还要学会科学处置突发事件。一旦发生不良网贷情况，一定要及时报警，并向家长和辅导员报告以寻求帮助。不要默默独自承担问题，要积极向有关部门寻求帮助，以减少和挽回损失。

总之，生活费的管理需要从多方面进行规划。稍有不慎可能会导致满盘皆输，但一旦做好了规划就会发现其实并不难找到支出和收入的平衡。只要注重细节并付诸实践，你将会收获满满！

杨 晨

面对多线程工作，
如何做好时间管理？

大学生的课程紧凑，活动丰富，社交忙碌，加上可能还有诸如兼职和社会实践等活动，每一个小细节都需要我花费不少的时间和精力。随着时间的推移，我发现自己什么都没能做到最好，身体也因为长期熬夜越来越差。请问老师我该如何做好时间管理，优雅地处理多线程工作呢？

步入大学后，同学们的学习方式已从中学时期的被动式转变为主动式，加之丰富多彩的校园文化、社会交流、实习实践等活动，不少同学出现分身乏术、难以适应的情况。如何高效地规划时间、优雅地处理多线程工作成为大家入校后的必修课。

对于大家而言，优雅地处理多线程工作就意味着在生活中有目标、有计划地使用时间管理技巧来掌控自己的时间，从而实现个人规划目标。然而，当前大家在时间管理上也存在以下问题。

一是缺乏清晰的目标，时间管理意识差。随着大学自主支配时间增多，不少同学喜欢参加各类课外活动，认为参加活动就应该"多多益善"，甚至出现"来者不拒"的情况。很多同学认为"只要做好该做的事就好了"，缺乏长期的规划目标。当事务繁多，无法游刃有余地处理时，就会产生"每天都很忙，却不知道忙什么"的困境。

二是时间规划不合理、不科学。由于缺乏明确的目标，大家在制订规划中通常缺乏主动性与持久性，很多同学是为了计划而去制订计划。当压力来临时，更愿意处理最紧急的事情，而将更重要的事情搁置。

三是缺乏自制力。步入大学阶段后，大家依然受中学教育模式的影响，没有完成从中学阶段的时间管理顺从者到主导者的身份转变。一旦缺少外界监督，就表现出了自律性较差的状况，造成了对时间掌控的盲目自信。

四是缺少复盘意识。时间管理本质上是一个动态调整的过程，随着事情的变化，管理过程也需要相应地调整。这就要求我们学会对事情进行评估。但实际上，很少有同学能够反思并评估执行计划过程中存在的问题，无法从经验中提炼出具有指导性、建设性的教训。

分析了同学们在时间管理上存在的问题后，我们应该如何优雅地多线程工作呢？著名的效率管理专家戴维·艾伦在《尽管去做：无压力工作的艺术》一书中提出了完整的理论，其本质就是让人类大脑不受多余事情的干扰，从而集中注意力完成对个人发展极其重要的事情。

对于大家而言，第一，需要转变时间管理的态度。时间管理态度是个人对时间的自我意识，要形成这种态度，需要经历"模仿—服从—同化—内化"的认知过程。而这一过程的养成，就需要同学们转变消极的时间管理态度，认可积极的时间管理方法。

第二，需要设置清晰的目标规划。在设定长期目标的同时，也要将不同时段的目标进行细化，将大目标分解为一个个可执行的小目标，并预留执行计划的时间。只有不断进行正向刺激，获得时间管理带来的成就感，才能提升时间管理的效率。

第三，需要合理地做好时间规划。大家需要在厘清当前事务的紧急程度与重要程度后进行时间安排，确保有足够的时间和精力来有序完成重要的事情。同时，及时回顾个人的"待办事项清单"，确保每项任务都井然有序。

第四，坚持"要事第一"原则。面对人际关系、突发情况等带来的意外事件，大家需要将紧要的事情作为第一优先等级来调整。排除外界的干扰因素，避免事情被中断。当同学们遇到这类中断问题时，可以尝试按照"告知—协商—计划—答复"的原则进行处理，必要时学会说"不"。

第五，评估计划的完成进度。任务完成后，最重要的就在于"回头看"——检视任务的执行情况。对于无法一次完成的任务，要经常进行回顾，检视每一小步的执行情况，分析在执行过程中产生偏差的原因。

总而言之，多线程时间管理是一门学问，也是一门艺术，需要同学们在日常实践中不断尝试、不断总结，平衡好学习与生活的关系，寻找最适合自己的时间管理方式，总结出适合自己的经验方法。

陈林屾

如何利用寒暑假，
悄悄惊艳所有人？

转眼间这个学期就要结束了，进入大学之后的寒暑假没有了作业的压力，但这种自由带来了另一种压力，面对空荡荡的日程我感到有些迷茫，缺乏规划和目标就很容易浪费时间，但我又没想清楚怎样安排才能更好地提升自己。身边有同学选择参加社会实践或者志愿服务，有同学选择学习新的知识技能，请问老师，我该如何做好自我规划呢？

自由带来压力，是一种常见现象。相信同学们刚上大学时，也会因为缺失了高考高分这一单一目标，面对众多选择，产生过一定的迷茫。中学跟大学有着截然不同的学习节奏，高中阶段管理严格、校园环境简单，而大学生活丰富且自由，两者的差异必然对个人提出了更高要求，大学假期只是其中的一个集中表现。

数据显示，超过 60％的大学生对假期没有明确的想法与规划，仅有 13％的大学生在假期中有详细计划并能够坚持执行。假期中感到迷茫的学生并不在少数，不要过分担心将其视为心理负担。由于这种自由的烦恼其实大多数同学已经有所经历，也相信同学们在刚入大学的第一个学期里找到了一些处理方式，不妨先自己回想，努力找到适合自己的解决方案。

正因"自由的压力"难以避免，更加说明这是提升自我的良好机会。要想做好规划，核心是加强对自我的管理。大学教育目标的实现，并不仅仅依赖于老师的指导，更重要的是靠学生个人努力，要充分调动自己的主观能动性，合理利用周围的资源，并进行自我管理以实现自我发展。自我管理的要求在假期中尤为重要。然而，目前许多同学普遍存在自我认知能力不足，目标不明确，约束力不够，评价方式比较单一等问题。

对标以上问题，首先应当加强自我认知。"有的同学选择参加社会实践或者志愿服务，有的同学选择学习新的知识技能"，对大家来说，这种选择不应是盲目的，而应经过对自我充分的剖析。不妨结合自我未来发展方向，回顾过去一学期，自己在哪些方面表现优异，哪些方面还有短板甚至空缺，既可以是纵向、自我的比较，也可以是横向、朋辈间的比较。以此全面剖析自我，从而找准提升需求。

其次，对标个人成长发展的长期需求，确立假期目标，形成自我管理的方向。在此提供几个可供考量的维度：

一是巩固基础课业。学习作为学生的主责主业，是大学生活的基础。如果本学期你的课程成绩不是很理想，或者基础课业感觉有些吃力，那么我建议你利用这个假期复习回顾重点课程，尤其是与接下来的课业有一定关联度的课程。请恢复高中时期的学习习惯，夯实学习基础。如有条件，适当做好课程预习，形成良好衔接。

二是丰富科研经历。如果基础课业你可以轻松应对，那么假期便是你提升自我的绝佳机会。你可以选择走进实验室，初步尝试参与一些科研项目。参与科研，一方面能够帮助你更快地了解专业学科的研究方向，为未来的规划选择提供参考；另一方面，充实的科研经历也会增加你的个人竞争力，无论是保研、出国、就业等。此外，从事科研对个人能力也是全方位的锻炼，不管是资料检索能力、问题分析与解决能力，还是汇报展示的思维逻辑能力等，都将会得到显著提升。

三是参与实践活动。社会实践同样是全面提升个人能力的过程。通过社会实践，同学们可以用脚步去发现，用知识去改变。大学是一个相对开放的环境，同学们可以不局限在校园里。我们鼓励大家走出校园，走向社会，走入市井街头，走上田间地头，多走走，多看看，多一些发现。一方面，社会实践可以帮助我们增加新的认知，另一方面，它也是消除成见的重要方式。在"发现"的基础上，大学有其社会服务功能，大学生也应当承担起这份责任，用自己拥有的专业知识去服务社会，将论文写在祖国大地上。

再次，选定假期的主题后，还需要具体的实施方案。建议通过制订详尽的假期计划，形成无形的外界约束，进一步内化为自我约束。计划要尽可能详细周密，越具体，越能形成促进作用。

重点要突出，行动要落实，即便是受一些因素影响不能全部实施，也要及时修订。可以辅以自我奖惩制度，以督促自己依照计划执行，实现预定目标。此外也要注重时常自我总结，在不同阶段根据实际情况，及时调整短期目标，形成对自己的动态要求。不同阶段的假期应该有所区别，既要符合自我要求，也应考虑到大环境需求。

最后，从自我审视入手，对标自我评价标准，找到发展目标，确立实施计划。希望同学们能切实加强自我管理，度过有意义的假期生活，也不虚度人生的每一天。

吕俊瑶

如何利用网络资源，
丰富"技能树"？

我知道，在这个信息爆炸的时代，网络资源是一种非常重要的学习资源，可以帮助我们学习各种各样的技能，提升自己的竞争力和适应力。但是我不知道如何有效地利用网络资源，丰富自己的技能树。您能否给我一些具体的建议或者案例呢？谢谢您！

很高兴收到你的问题，也很欣赏你对成长和学习的热情。在这个信息爆炸的时代，正确、有效、合理地运用网络资源，可以为我们提供丰富的知识和技能，提升自身能力与素养。具体来说，如何利用网络资源丰富"技能树"呢？我认为，以下几点可以作为参考。

第一，明确根本的学习目标。

在开始利用网络资源学习之前，我们首先要明确自己想要学习哪些技能，为什么要学习这些技能，以及如何学习这些技能。这种梳理有助于筛选出符合自己目标和需求的网络资源，避免盲目地跟风或者浪费时间在无关紧要的内容上。

例如，如果你想要提高自己的英语水平，可以先明确是想提升学术英语写作的能力，还是想提升英语听说能力，具体需要达到什么水平等，如此绘制出一张专属于自己的学习路线图，进而选择合适的学习资源。

第二，选择合适的学习资源。

网络资源的质量和可信度是影响我们学习效果的重要因素。为确保学习的有效性与正确性，应尽量选择来自专业的教育机构或平台、有资质和经验的专业教师或相关领域专家的网络资源。对于无法确认发布者资质的资源，应保持客观审慎的态度加以辨别，取其精华去其糟粕，以免被误导。

例如，你想要学习编程，可以选择那些提供系统性、实践性、互动性高的编程课程或者教程。部分资源类型列举如下：

• 在线课程平台：各类高校、机构的公开课平台（MOOC）、Coursera、网易云课堂、哔哩哔哩等；

• 官方教程或使用手册；

• 专业型教程网站：W3school、菜鸟教程等；

• 专业型论坛：StackOverflow、CSDN 等；

• 综合类论坛：知乎、贴吧、哔哩哔哩专栏等；

• 科研学术资源：各类学术会议期刊数据库（WOS、EI、知网、万方等）、专利数据库等；

• 综合类搜索引擎：百度学术、必应学术等。

通过在不限于以上类型的网络资源平台上找到符合自己需要的网络学习资源后，即可开始制订适合自己的学习计划。

第三，制订合理的学习计划。

利用网络资源进行技能自学需要较强的自律和持续的努力。根据自己的时间、精力，结合学习难度等因素，制订一个合理且有效的学习计划并坚持执行，这会帮助你更好地完成自学任务。

通常，我们可以将一个大的学习任务目标分解成若干个小的学习任务和阶段，并为每个任务设定明确的期限和标准。同时，还可以通过选用工具、软件，邀请同学、家人、朋友组建共同学习小组等方式来协助进行学习任务的监督、管理与激励。

第四，实施严谨的实践验证。

实践不仅是检验真理的唯一标准，也是验证我们学习成果的最佳途径之一。无论是理论学习还是应用学习，最终都应以能够解决各类问题作为学习目标。

例如，对于理论学习的验证，可以通过习题解答、实验测试等方法来验证；对于所应用技术学习成果的验证，可以通过（模拟）解决工程问题、开发应用程序等方式加以检验。

在分阶段检验的过程中，我们既可以及时发现自身的问题并修正学习方向，也可以通过阶段性验证的通过来给予自身正向激励，从而提高信心。

第五，开展积极的交流讨论。

互联网是一个开放的世界，交流、互助是全世界网友们共建美好互联网世界的重要方法，因此，在运用网络资源学习技能的过程中，我们可以、也应该积极地开展交流与讨论，与其他有相同或不同技能目标的学习者建立联系和沟通，分享自己的学习心得和经验，寻求或提供帮助和反馈，甚至与他人进行合作或竞争，从而提高自己的学习动力和水平。

例如，你想要学习摄影，可以加入由摄影爱好者组建的社群或参加高校相关课程等，既可以欣赏展示作品、学习分享技巧，还可以组织参加相关活动等。

最后，希望同学们能够灵活、正确地运用丰富的网络资源，在大学期间培育出茂盛、茁壮的"技能树"，为自己的职业和人生发展增添色彩。

李嘉彬

成绩不理想，
我还有必要参加科创竞赛吗？

学校经常会发布各类科创竞赛的相关通知，我也关注到评奖评优有时也会涉及科创竞赛的相关经历。我虽然有意向参加，但是觉得自己什么都不会，而且成绩也不太理想，也担心因为参赛耽误自己的专业学习，得不偿失。请问老师，参加科创竞赛对我有什么帮助吗？我有必要参加科创竞赛吗？

很高兴收到你的问题。作为一名大学生，能够主动去思考科创竞赛的意义，同时不盲目随大流，而是结合自身的情况思考自身参与的必要性，说明你具备主动学习和自主选择的意识，这是值得肯定的。关于参加科创竞赛的意义以及是否有必要参加，我有以下建议供你参考。

参加高质量的科创竞赛是一种将理论知识转化实践技能的有

效途径。在实践过程中，它将帮助你了解所学知识的实际应用，促进课内知识的理解和吸收，从而巩固所学知识，融会贯通。同时，参加科创竞赛本身也是不断探索新知、学习新技能的过程。在参与科创竞赛的过程中，你会遇到许多课堂上无法想象并且开展简单实验无法遇到的新问题。为了能够推进问题的解决而采取的自主探索和学习，能够锻炼自身分析问题、解决问题的能力，对于大学生的全面成长和发展是大有裨益的。除此之外，参与科创竞赛还能有效地拓宽交际圈，更加迅速而准确地帮助参与者结识相关专业领域的师长专家，以及在科学研究方面志同道合的同学伙伴，同时，也会积累相关研究经历和经验。这些都将成为你在学术科研和职业生涯道路上不断前进的动力，并为之后进行更深入的专业研究工作打下良好基础。

尽管成功参与科创竞赛对于参与者有若干帮助和好处，但并非所有人都适合投入其中。另外，在参与过程中应该付出多少时间精力同样是因人而异，需要根据个人的实际情况"量力而行"。

第一，是否参加科创竞赛需要明确参赛动机。

从目前各大高校的评奖评优办法来看，都包含学生科创竞赛表现的相关指标。这种措施和制度的本意是为了鼓励同学们积极参与适合自身发展的科创项目并不断提升自身能力，但并不意味着这应该成为参加科创竞赛的唯一理由。同时，基于某种短期功利目的而开展的科创活动也注定无法持久，对参赛者能力提升的帮助也将大打折扣。

参加科创竞赛需要参与者自身对某一领域有一定兴趣，对某一问题有一定思考，并且愿意为之付出相当的努力去主动学习、

113

探索未知。只有这样，参与者在面临困难的时候才不会迷茫、不会退缩，才能坚持不懈，直至战胜困难。

第二，是否参加科创竞赛需要考虑个人能力。

选择参加科创竞赛需要充分考虑和评估个人能力。想要出色完成一次高品质的科创竞赛绝非易事，足够的时间和精力在绝大多数情况下是必要的条件。如果参与者本人仅仅完成大学生的课内学习已经感觉力不从心，那就要认真思考一下自己是否适合参与科创竞赛。

有的大学生可以通过科创竞赛激发学习的动力，更好地促进课内学习。但同时也有部分大学生会因为高强度的赛事参与和时间投入，无法做到平衡科创、学业、生活、工作等，最后可能会顾此失彼、得不偿失。一般而言，如果对于课内学习感到尚有余力，且个人的课余时间较为充裕，可以考虑有选择地参与一些力所能及或稍有挑战的科创竞赛。

第三，是否参加科创竞赛需要考虑个人生涯发展规划。

如果未来计划继续深造，选择自己感兴趣或与所学相关度较大的科创竞赛，将是一次很好的科研启蒙的机会，也会为后续的科研打下良好的基础。但是，如果未来计划直接找工作，那么可能更要紧的是如何提升综合能力，比如用更多的时间和精力投入实习、社会实践等活动中。因此，是否参加科创竞赛也需要充分考虑个人生涯发展规划，即个人未来的选择。

总而言之，参与科创竞赛的益处是显而易见的，但能否在参与科创竞赛后获得预期的收获，则需要参与者在了解自身和其他相关信息之后，作进一步思考和平衡后做出判断和选择。无论是否选择参加科创竞赛，对于在校大学生而言，完成应尽之学业依然是重中之重。在搞好课内学习的基础上，你可以尝试参加一些自己感兴趣的科创竞赛。即使在尝试后觉得自己并不适合或适应，也无伤大雅。相信自己的选择，持续攻坚克难，抑或是调整好心态，及时止损，都是一种积极的姿态，也不会对自己的未来学习生活产生负面影响。

苗东晓

新手"小白"应如何参与科创竞赛？

我是一名本科学生，之前从没参与过科创比赛和科研活动。现在我报名参加了一个科创比赛，并且希望能够好好完成，做出点成果来，却又感到力不从心，不知道具体应该怎么去做。请问老师，我应该如何参与到科创竞赛中？

在当今持续的科技进步和社会变革背景下，创新已成为社会发展的核心驱动力。高等教育日益重视学生创新和团队协作能力的培养。科创竞赛为学生提供了有效的锻炼机会，但对于初次参与科创竞赛的本科生，往往会因缺乏实际参赛经验，在面临各种各样的困惑和挑战时，不知如何着手，以至于陷入茫然和自我怀疑。对于希望参与到科创竞赛中的新手"小白"们，我有以下想法与大家共勉。

第一，谈谈科创竞赛所需的能力素质。

科创竞赛对于创新思维、团队合作和问题解决等多方面能力具有较高要求。这种竞赛不仅是知识碰撞，更是思想碰撞。创新思维需要将课程理论转化应用到实际问题中，跳出思维定式，创造创新想法，提出最佳解决方案。这不但要求参与者具备解决实际问题的能力，还需要有团队协作和沟通能力。优秀的团队领导者可以有效整合成员间各自的优势，融合并充分调度发挥，从而形成更强效的解决方案。因此，积极提升自身能力，努力成为团队中的中坚力量，将有助于你在科创竞赛中取得佳绩。

此外，初次参与科创竞赛的本科生在面对接踵而来的挑战和困难时，可能会陷入焦虑、恐惧、自我怀疑等多种负面情绪。因此，具备强大的综合素质就显得至关重要。首先，参与者需要建立健康强大的心态，积极应对各种情境，有效地处理负面情绪。同时，积极与班主任、思政老师、项目导师等交流，全面认识自身和现状，科学地设定目标与规划，不断改进和突破，减轻压力，更好地应对挑战。

第二，说说科创竞赛的实践路径。

建构主义学习理论认为，学习是一个积极主动的意义建构和社会互动过程，是学生在真实情境中，通过辅助手段对已有知识进行重新认识，并对新知识进行建构。应该注意的是，科创竞赛是一次对参与学生的全面塑造。以下是我对本科生参加竞赛的具体建议。

（1）确定兴趣目标。在充分了解竞赛背景、选题目标和成果要求后，通过将参赛主题与个人兴趣爱好结合，明确竞赛目标，培养充足的参赛热情，以便更加全身心地投入竞赛中。

（2）寻找指导老师。积极联系学校教师，寻找专业人士的建议与指导，有助于更好地规划和实施项目，也将有助于获得所需的资源，如实验室设备和经费。

（3）加入科创团队。积极寻找志同道合的伙伴，加入"硬核"队伍。团队协作将提供资源和支持，同时，通过倾听他人的意见、展开充分沟通和合作，你将学会从多角度思考问题，在头脑风暴中碰撞出自己的创新意识与想法，并在进一步的团队协作中培养解决问题的能力。

（4）持续深入研究。通过大量阅读相关文献，建立坚实的理论基础。厚积薄发，方能一击即中。

（5）制订并执行计划。制订详细的项目计划，包括时间表和任务分配等安排，严格遵守并执行相关计划。此外，定期进行总结复盘，并根据分析结果不断改进。

（6）参加竞赛。积极学习优秀项目案例，准备并不断打磨项目报告、演示文稿和海报，确保材料清晰且有说服力，以灵活、精准地回答评委问题。

（7）接受反馈并持续学习。科创竞赛是一个学习和成长的过程，要接受评委的反馈和建议，并以此用于改进项目和提高自己。当然，完成一项科创竞赛并不是终点，而是继续深入研究领域的新起点。可以参与更多竞赛和项目，不断提升自己。

总而言之，新手"小白"参加科创竞赛时需要更加注意让自己获得更全面的成长。克服首次参赛的焦虑，有效地投入其中，创造良好的参赛体验，通过一次次解决难题和战胜挑战的过程不断精进自己的能力素质。

秦　洁

有了好的创业想法，
该如何付诸实践？

　　我之前在课程学习实践中做出了完成度很高的项目作品，我觉得它具有很不错的市场前景，因此萌生出创业的想法。但我缺乏创业方面的经验，不认识创业相关的专业人士，也不知道具体应该如何开始创业。请问老师，我应该如何实现自己的创业想法？有哪些资源是我可以利用的？我应该提前做好哪些准备？

　　伴随着经济社会的不断转型，大学生就业形势更趋多元化，创业也成为许多同学的选择。如何在创新创业的时代浪潮中抓住机遇并取得成功，我认为，有以下几点建议可以参考。

　　第一，"天时""地利"是大学生创业的重要外部条件。

　　（1）国家对大学生创业提供了一系列扶持政策。创业者应及时了解并充分利用这些政策资源，如税收减免、免息小额贷款等，以减轻创业初期的经济压力。同时，主动寻求行业专家、法律顾问等专业力量的帮助，确保创业计划的周全性和可行性。

（2）高校创业指导与服务体系为大学生创业提供了有力支持。例如，上海交通大学为学生提供了创业辅修专业课程、创新创业沙龙等创业教学体系，以及大学生创业训练计划、创业企业见习、创新创业训练营等创业实践机会。同时，创新创业工作室、"零号湾"创新创业集聚区等各项创业支持配套设施及服务，助力学生顺利过渡到创业阶段。合理利用这些资源将对创业者产生极大的帮助。

（3）参与创新赛事和创业实践活动也是提升创业能力的重要途径。大学生创业者在掌握了一定的知识能力后，可以先从大学生创业训练计划等校内创业实践开始，逐步从学校教育体系向创业过渡，进一步可以考虑参加中国国际大学生创新大赛等高规格大学生创业类赛事。通过参加校内创业实践和高规格创业类赛事，创业者可以在实践中学习并提高自身素质，同时孵化出更具潜力的创业项目。

第二，"人和"是大学生创业不可或缺的内在基石。

（1）创业意识和知识储备至关重要。大学生创业者应具备敏锐的市场洞察力，能够捕捉当前及未来的市场需求，从而发掘商机并定位适合自己的创业领域。同时，创业者还需掌握一定的创业知识，这不仅包括本专业的领域知识，还涵盖经营管理、政策法规等综合性知识，为创业之路奠定坚实基础。

（2）创业能力同样不可或缺。良好的规划能力有助于提升创业的高度，出色的学习能力是掌握新知识的关键，而高效的执行力则是创业成功的有力保障。此外，扎实的市场调研能力能帮助创业者深入了解目标客户、市场规模及竞争对手，从而调整业务策略。同时，创业者还需具备良好的心理素质，以开放的心态面对挑战，冷静果断地做出决策，并在遭遇挫折时保持坚定意志。

（3）团队的力量不可忽视。创业往往需要团队的支持与协作。寻找志同道合的伙伴，共同推动项目的进展，对于创业者而言至关重要。一个优秀的团队能够提供多元化的技能和视角，助力创业者更好地应对各种挑战。

第三，风险的预判与规避有助于提升大学生创业的成功概率。

（1）大学生创业者可能面临资金风险。大学生创业普遍缺少雄厚的资金支持，很容易在创业初期就因资金问题危及业务的拓展。因此，应该根据企业的发展阶段、市场需求及未来发展等因素综合制订科学的融资计划，建立科学的财务管理体系，包括预算计划、财务制度、内部审计制度等。

（2）大学生创业者可能面临核心竞争力风险。大学生创业项目的确定往往依托于自身专业方向定位、学术合作项目的延伸，缺少充分、科学、合理的市场调研。为增强核心竞争力，一方面，可以通过增强企业的资源整合能力来实现，在内部整合原有的优劣势资源，在外部整合能为自身生产经营提供帮助的行业、产业、市场等资源；另一方面，可以通过不断改进和创新企业技术来实现。

（3）大学生创业者可能面临管理风险。管理公司不同于大学生生活中的人际交往，需要完备的管理制度和条例加以约束。一方面，要遵循科学的原则方法，加强严谨的决策制度和相关机制的保障；另一方面应根据自身资源的特点、员工素质和职业技能等实际客观情况建立相关的规章制度。

总而言之，大学生要想创业成功既需要个人能力的培养和提升，也需要充分利用外部资源和条件，同时还要做好风险预判与规避工作。希望有志于创业的同学能够不断努力提升自身能力，合理利用相关资源，早日实现创业梦想。

郑思航

本章小结

扬帆，向更广阔的人生边界驶去

在人生的漫长旅途中，每位同学都如同一位勇敢的探险者，面对着未知与挑战并存的广阔天地。如何在这片天地中找到自己的方向，实现能力的提升和全面的发展？我有五条建议，愿它们能成为你探索中的灯塔，指引你前行。

1. 启航新程：勇闯未知，坚定方向

无论是从高中生到本科生，还是从本科生到研究生，每一次角色的转变都像是踏入了一片新的天地。这片新天地充满了未知和挑战，但也充满了机遇和可能。主动了解新阶段的要求、环境和路径，就如同观察天象、感知风向，为你的探索制定明确的路线。定期自我反思，就如同校准内心的指南针，确保你的发展路径与内心的追求相匹配，既追随兴趣的指引，也朝向长远的目标。

2. 海图探秘：理性抉择，勇敢尝试

在大学生活中，我们会面临各种选择，如入党、参军、海外交流等。这些选择就像是隐藏在人生旅途中的不同宝藏，各有其独特的价值和意义。面对这些选择，我们需要基于个人价值观、兴趣、职业规划进行理性分析，考虑每个选择对你的长期影响，

而非盲目追随他人的足迹。要勇敢地去探索未知，参与各种社团活动、实习或志愿服务。每一次的探索都可能发现新的宝藏，拓宽你的视野，发现自身的潜能和兴趣。

3. 掌握航技：加强自律，稳健前行

在人生的探索之旅中，自律和时间管理是非常重要的技能。培养良好的自律习惯，就如同紧握人生的舵轮。设定具体、可衡量的小目标，如每日阅读量、运动时长，它们就像是指引你稳健前行的航标。同时，学习时间管理技巧也至关重要，掌握它们就如同掌握高超的航海技巧，让你的探索之旅既充实又愉悦。

4. 靠岸补给：争取资源，丰富装备

在大学，课堂学习并不是我们旅程的全部。我们需要适时停航，利用好大学这个资源宝库，在图书馆、在线课程、讲座、工作坊中挖掘宝藏装备，不断地充实自己、提升自己。同时，掌握信息检索技巧也非常重要，掌握它就如同拥有一双敏锐的慧眼，让你始终保持对新技术、新知识的敏感度。

5. 破浪前行：克服困难，驶向成功

在人生的海洋中，我们难免会遇到风浪和挑战。成绩不是衡量一切的标准，参与科创竞赛、创业等活动也是人生中的重要经历。参与它们就如同在人生的海洋中迎接风浪的挑战。即使起初的成绩不理想，也是成长和学习的宝贵机会。如果你有想法，不如将它们转化为行动，通过团队合作、寻求导师指导等方式，逐步克服障碍，让你的梦想之船驶向成功的彼岸。

大学是探索与试错的舞台，而我们则在不断尝试和校准航线的过程中，找到属于自己的成长之路。这里提供的这些策略不仅

有助于解决当前的具体问题，也将为你未来的成长和发展奠定基础。愿你在探索的道路上始终保持对未知的渴望和对梦想的追求，勇敢地驶向属于你的辉煌彼岸。

第三章
生涯规划
与就业选择

　　在大学这段充满梦想与探索的旅程中，生涯规划扮演着至关重要的角色，它深刻影响着你的未来方向、人生选择以及最终成就。不论你是初入大学的新生，还是即将挥别校园、踏入社会的毕业生，都将面临诸多生涯规划的抉择与考验。有的同学在保研、出国深造或国内考研的十字路口徘徊不定，难以抉择；有的同学可能因父母与自己职业理念的差异而感到左右为难；有的同学在追求个人理想与顾及家庭责任之间纠结挣扎；还有的同学在考研失利或求职受挫后，对未来的道路感到迷茫和困惑。

　　本章内容，将陪伴你探索生涯规划与就业选择方面的常见问题，从生涯规划、职业选择、家庭与个人关系的平衡，以及应对迷茫与挑战等四个方面出发，为你提供专业指导和实用建议。让我们携手开启这段探索之旅，助你明晰生涯方向，迈向属于你的成功之路。

职业规划第一步，
何时踏出最合宜？

　　我现在是一名大一的学生，每天忙于各种课程，辅导员和老师都说要顾好当下的学业，周围的同学也都似乎对未来的职业规划没有什么想法，他们都认为"现在才大一，还不着急"。可我看网上每年都说"今年是最难就业季"，这导致我十分焦虑。请问老师，我要从什么时候开始我的职业规划？

　　大学，是职业生涯规划的黄金阶段，对你们未来的职业走向和职业发展具有十分深远的影响。职业生涯规划本身是一个"知己知彼"的过程，你要尽快做到"知己"：积极了解自己的性格、爱好、特点等属性，厘清个人职业发展的兴趣所在。努力掌握自己所学专业、行业的发展规律，了解自己专业能够从事哪些类型的工作。同时，你也要做到"知彼"，通过多渠道获取就业求职信息，了解自己感兴趣的岗位、应聘这一岗位所需的核心竞争力是什么，自己和其他"竞争者"相比还有什么不足，然后对症下药，多维度发展个人综合素质。

职业生涯规划可以在大一就开始。作为一名刚入学的大学生，你现在最重要的并不是立刻做出具体规划，而是要深入了解自己。首先，你需要对自己进行深入的了解，确立对自己个体性格、人格的深入认识。可以借助 MBTI 等专业性测试，了解自己的性格和人格分类，进而了解自己适合什么样的工作，在何种工作模式中能够发挥最高效率，这对于选择适合自己的职业和发展方向会有很大的帮助。其次，你需要不断加深对自己专业的认知。专业认知是职业选择的重要一环，你可以通过和同专业的师兄师姐交流，或者尝试参与他们正在进行的项目，以此快速获取自己专业领域的信息。如果你对自己的职业方向感到困惑，可以向老师、学长或同学寻求帮助。此外，你还可以通过校内讲座、互联网等途径了解专业发展，各大招聘网站也有助于你提前了解自己所学专业将来可能从事什么类型的工作。最后，你要学会去探索和验证自己感兴趣的事物。新生入学后对未来职业方向的不确定性是很正常的。因此，你应该重点关注自己感兴趣的领域，特别是与专业相关的领域。抓紧时间学习专业技能。在这个阶段，实习的内容和行业可以选择宽泛一些，重在参与和体验。同时，要注重对职业环境的分析，以找到初步的职业定位。这些信息能够帮助你重新衡量自己的专业选择，并为你未来的职业发展打开无限可能的道路。

通过一两年的学习，当你对自己有了一个清晰明确的认识，并且对自己的专业也有了细致的了解，那么接下来最重要的就是做好"积累"工作，继续拓展在职业选择方面的知识。你可以将自己感兴趣的职业和行业做一个列表，通过各种渠道学习更多的职场信息，进而对照自己在岗位所需的核心竞争力上是否有欠缺。你可以通过实习、兼职等方式增加自己的工作经验，一方面是提升岗位综合素质，另一方面也是找到机会和那些在相关行业工作的前辈进行交流，了解相关岗位和行业的真实情况。

最后，在确定了自己的职业方向后，就可以向目标前进了。不能临近毕业季才开始考虑求职和就业的事宜。一旦明确了职业发展的方向，就要学会从各个渠道了解求职信息（如所在高校就业中心官网、微信公众号等），创造就业机会，多参加招聘会、宣讲会、生涯讲座，以了解最新的行业资讯。还要集中提升和强化个体职业素养。不仅要掌握与岗位相匹配的专业技能，更要注重个体"软素养"的培养，例如综合素养、团队协作能力等。可以在分享类的平台（如哔哩哔哩网站、知乎等）搜索专业的职业培训课程和学长的经验分享，也可以通过参加、社团活动等形式进行多样化的锻炼，争取把一切都准备好。

德国哲学家亚斯贝尔斯在谈及大学观念时曾强调："大学应始终贯穿这一思想观念：即大学生应是独立自主、把握自己命运的人。他们有选择地去听课、聆听不同的想法、事实和建议，为的是自己将来去检验和决定。真正的大学生能主动地为自己定下学习目标、善于开动脑筋，并且知道工作意味着什么。这是一种精神上的升华，每一个人都可以感受到自己被召唤成最伟大的人。"相信当你完成了从被动接受老师布置任务到主动采取行动了解、吸收个人发展所需的转变时，你也一定能够摆脱如今的焦虑情绪，成为个人心之所向，学校培养所期，国家发展所需的新时代人才！

宋　阳

保研、出国还是考研，
我要怎么选？

刚入大学的时候，师兄师姐们就告诉我们要尽力争取保研名额，可是保研这么"卷"，去争取这个名额意味着我要付出成倍的努力，不如考研冲一冲；可是考研的压力那么大，我又没有信心一定能考上；出国也是一个选择，但是一想到要考外语，要申请学校，我又开始打退堂鼓。请问老师，我要从哪些方面来考虑这三个选择？

大学阶段正处于生涯发展的探索期，站在未来选择的分岔路口上，难免会有压力和迷茫。在此情况下，需要的不仅是了解每个选择可能带来的结果和影响，更重要的是要明确自身的追求，以个人目标为导向，在已知的现有条件下，做出最符合自身未来发展需要的选择。

在考虑选择之前，首先需要排除畏难情绪。每个选择从做出到实现都必然伴随着困难和风险。希望保研就要在平时付出更多的努力去争取优异的成绩；冲刺考研则需要面临复习和笔试面试的压力；而出国同样也需要经历准备语言考试和紧张的申请过程。但是，付出的成本和实现的难度不应该成为你衡量选择的首要标准，如果只求容易，所做的选择往往会因为与长期发展的目标不匹配而后患无穷。因此，希望你首先摆正心态，明确选择的最终目的是实现更好的未来发展，然后努力去找出最适合自己的路径。

近年来，越来越多的同学选择在完成学业后继续深造，数十所院校 2022 年的就业报告显示，本科毕业生的深造率已达 50％以上。深造不仅是在专业领域进一步精进的有效途径，也是提升学历和就业竞争力的重要支撑。保研、考研和出国都是争取深造机会的方式，要在其中做出选择，首先要问自己一个问题：为何要选择深造？王阳明有句话叫作"故立志者，为学之心也；为学者，立志之事也"。对于选择走上深造之路的人来说，需要问自己一个问题：究竟是为了深入钻研、为将来走上科研道路做准备，还是为了提高专业素养、增强就业时的竞争力，抑或是尚未明确方向、期望在校园里多待几年来延长缓冲期？千万不要把深造当作逃避决断的避风港，也不要把拖延用作抗拒抉择的挡箭牌，在明确了目标和决心后再考虑深造的方式和途径将更为明智。

为了做出更恰当的选择，获取多方面的信息是很有必要的。你可以向学校、学院的职业发展老师咨询，了解自己感兴趣的领域目前的就业方向和发展前景；与导师、师兄师姐交流科研环境、学术就业的路径和感受；去参与一些实习，切身体会自己是否能够适应和融入职场环境。最后，综合各方面的信息，结合自身的体会和对未来工作、生活状态的期待，找出理想的未来目标。在汇集信息并确认选择的过程中，生涯决策平衡单是一个非常实用的工具，它能够协助你客观、理性地量化各个潜在选项，权衡利弊，同时也能进一步明确自己的内心，从而向内在的世界探索生涯发展的答案。

如果确定希望继续深造，接下来的首要问题就是选择何种深造项目，在这一点上，不同专业可能存在较大差异，要结合实际来考虑。一般来说，若已明确了科研导向，直博项目可以让你较为连贯地完成投身科研之路的准备；学制较短、实务性强的专业硕士项目则更适合希望到企事业单位就业的同学。你也可以选择先就业，积累一段时间后再读研以提升学历；如果对科研有一定兴趣，但目前尚未完全下定决心，则可以考虑学术型硕士项目。在经过硕士阶段的缓冲和锻炼之后，再决定是否继续攻读博士。确定适合的项目类型后，建议通过各类信息渠道了解开设该类项目的院校及招生政策，并从中做好匹配筛选。在此基础之上，再去考虑保研、考研和出国等方式，以提高申请到理想项目的成功率。实际上，许多同学都会做多手准备，根据项目的理想程度、与个人的匹配度、申请的成功率、投入成本等方面，制定出大致的优先顺序，并有针对性地进行争取。

"学如弓弩，才如箭镞。"在确定目标的过程中，不要抱着"等确定下来了再开始努力"的想法，无论最后做出何种选择，早早地打好专业基础，在学习和尝试中充实自身，都会让你的申请之路更加通畅。做出选择并不容易，但更具挑战性的是如何在选择之后贯彻执行。无论哪种选择，想要取得成功都并不轻松，需要有将压力转化为动力的坚定和持之以恒的坚持，也需要在可能的沮丧和失意之后重新燃起奋斗的勇气。做出选择之后，千万不能瞻前顾后、犹疑不定，一遇到困难就怀疑自己当初的决定；更不能三天打鱼两天晒网。不积跬步，无以至千里，目标的达成正是靠日复一日的努力积累方能成就。

最后要提醒的是，条条大路通罗马，而选择只是走上一条新路径的起点，是在当前情况下凭借自己的判断所能做出的最优解。情况是在不断变化的，我们自身同样也在不断成长和变化之中。生涯的发展并不是一条既定的路径，而是在每个分岔口不断选择、前进、修正。在保研、出国和考研之间的抉择或许是最初的分岔口，但远方还有更广阔的天地等待着你去闯荡、去发现。愿你学会把握探索未知的勇气和当机立断的果敢，在人生的激流中从容地面对每一次选择！

陆长璐

行业形势与岗位前景，
我该如何看清你？

一年前我选择专业的时候计算机很热门，所以我选择了这个专业。可是最近又听到一些说法，认为"计算机行业吃的是青春饭，如果没有做出成绩，就很难有所发展"，这让我有些迷茫，不知道该听从哪些建议。请问老师：如何才能在大流中找到自己的方向，对于行业形势和岗位前景，我要从哪些渠道来了解呢？

从你提出的问题中可以看出你已经开始对未来进行规划，这是个好的开始。你的疑虑我是理解的，计算机行业是一个充满机遇和挑战的领域，如果你对这个行业充满热情并且努力，你一定能够找到自己的定位和发展方向。

你提到当年选择专业时计算机很热门，其实无论是专业还是职业，冷、热门都是相对的。随着社会发展的变化，冷、热门职业呈现动态变化。所以我想告诉你，没有一成不变的行业，变数是行业发展永恒的话题。要找到自己在计算机行业的定位，你可以通过以下几个渠道来了解行业形势和岗位前景。

其一，专业刊物和学术论文。定期阅读专业领域的权威刊物和学术论文是了解行业新动态和前沿技术的重要途径。这些材料可以帮助你了解当前的技术趋势和研究方向。

其二，行业报告和市场调研。许多机构和咨询公司会发布行业相关的研究报告和市场调研结果。这些报告可以提供行业发展的整体情况、就业岗位的需求和趋势分析，帮助你更好地了解行业的形势和前景。

其三，行业会议和社会实践。参加行业会议和社会实践可以与行业领导者和从业者进行面对面的交流，了解最新的技术发展和职业机会。

其四，社交媒体和专业人士。在社交媒体平台上关注行业专家和知名从业者，他们经常分享有关技术发展、就业机会和职业建议的信息。此外，与专业人士如行业校友以及导师、思政老师探讨行业形势和职业规划，也是了解行业动态和前景的有效途径。

记住，在了解行业形势和岗位前景的基础上，也要认识到学习和成长是关键。无论行业如何变化，持续学习和适应变化的能力都是至关重要的。专业认知和专业认同是在行业中发展和成功的两大重要因素。因此，要保持学习的状态，拓宽技能范围，这样可以帮助你在行业中保持竞争力，并为自己创造更多的机会。

学习与计算机相关的学术课程是获取专业认知的首要途径，

但不仅仅要学习传统的编程语言和算法，还要关注新兴领域和技术，如人工智能、大数据、云计算等，并努力更新自己的技能和知识，不断增进专业能力和自信心。同时，参与社会实践项目也是锻炼技能和获取实际经验的好机会，这样不仅可以应用所学知识，还可以提升解决问题的能力和团队合作的技巧。

此外，积极与其他从业者和专家交流分享经验，扩展自己的专业网络，尝试与导师开展学术研究，参与学术会议和研讨会，可以深入了解该领域的前沿技术和发展趋势，也有助于建立专业认同感并了解行业的最新动态。

最重要的是，任何一个行业的发展都有起伏，不要仅仅依赖于道听途说的信息片段，而要通过自己的努力获得全面的行业洞察力，并不断提升自己的技能。这样，在面临行业动荡期和低潮时，你才能做到沉得住气，综合判断，善于应对。

在这里，我想和你分享一位学长的故事，希望能对你有所启发。这位学长就是上海市 2018 年 1 号就业协议签约者、上海交通大学船舶海洋与建筑工程学院博士毕业生柏君励。他当年在择业时，船舶行业尚未完全复苏，同批的毕业生中有些人选择了转行，但他却主动申请前往船厂一线工作。在职业发展初期，他并没有过多关注自己的待遇，而是全身心地投入一线学习，并将自己在学校学到的知识不断应用到一线工作中。同时，他也在一线不断寻找行业发展的突破点。经过不懈努力，凭借过硬的专业素养柏学长成为某型船舶的总工艺师，之后更是被中共湖北省委人才办和湖北省教育厅聘为"湖北产业教授"。

通过柏学长的例子，我想告诉你，职业并不存在绝对的好坏。一旦我们做出自己的选择，脚踏实地和仰望星空要相辅相成。无论身处哪个行业，都有可能面临低谷期。低谷期的出现意味着该行业到了需要调整的阶段，原有的模式和思维可能已经不适应新的市场环境。因此，对于我们个人而言，绝不能彷徨，而是要将这一时期视为沉淀自己的关键期，不断打磨自己、积蓄力量，努力寻找突破。这样我们势必会在本行业新的舞台上站得更高、走得更远。我相信，最终你一定能够做出明智的决策和职业规划。

陈 哲

手握多个 offer，
如何作出最佳选择？

我在今年的招聘季顺利获得了多个 offer（录用通知），我很高兴，但同时也有些纠结，不知道如何选择。其中一份工作有很好的薪资待遇，但是压力很大，需要时常加班，还要去别的城市工作；另外一份工作虽然待遇不如前一份，但是比较稳定，上升空间也大，工作地点也在我喜欢的城市。请问老师，我该如何去衡量这些因素，做出不后悔的选择？

每一位毕业生在面临职业选择时都纠结、迷茫过，毕竟人生中的几个至关重要的十字路口，职业选择就是其中一个。职业选择是个体根据价值观、职业兴趣、人格和能力等特质要素，与职业所提供的薪资待遇、稳定性和发展空间等进行比较之后，做出的综合判断和决策。对于毕业生而言，没有最好的工作，只有最适合自己的工作。那么如何选择最适合自己的工作，我们可以从以下几个维度来综合考量。

第一，价值观。

价值观是随着个体认知能力的发展，在环境和教育的影响下逐步培养而成的。工作价值观可以简单理解为在工作中我们看重什么，"看重"即意味着认为某件事物珍贵。例如，有的大学生看重丰厚的工作收入并且能买自己想要的东西；有的大学生看重舒适的工作环境以及良好的人际关系；而有的大学生希望他的工作能促进社会发展，使这个世界更美好。不同的工作价值观决定了不同的生活态度，从而决定了个体的职业导向。

第二，职业兴趣。

职业兴趣是职业选择和职业生涯规划的重要决定因素。如果所学专业与职业兴趣匹配度高，则应首先考虑与专业相关度高的行业和岗位，以充分发挥专业背景的优势，在岗位竞争中才能更胜一筹；若所学专业与职业兴趣匹配度较低，则可充分考量自己的个人特质和胜任力进行职业选择。

第三，个人特质。

个人特质是个人相对稳定的思想和情绪方式，能够反映个人的性格特征。专业、家庭、年龄、知识阅历相仿的人在职业选择上表现不同，其原因在于个人特质上的差异，个人特质是实现"人职匹配"的重要因素。例如，社会型人格具有亲和力强、善于倾听、乐于奉献的特质，适合公务员、教师等稳定型职业。

第四，胜任力。

胜任力是蕴含于个体身上富有价值的知识、技能和经验等要素的总和。胜任力主要取决于大学生的学业成绩、获得的职业资格证书、身体素质、心理素质以及实践经验等，是个体就业的"硬核"要素。大学生在做职业选择时可以回顾自己求学期间哪些课程学起来游刃有余，参加的哪些学生活动得心应手，从而总结自己的优势和擅长技能，结合 offer 评估自己是否具备与相关岗位相匹配的胜任力。

第五，职业薪酬福利。

职业所带来的各种薪资和福利待遇水平各有不一。满意的薪酬待遇是大学生职业选择的重要考虑因素，而薪酬待遇又很大程度上取决于择业地域的总体经济水平及其发展潜力。并且不同行业的薪酬成长指数曲线也各不相同，需要同学们充分了解行业发展规律和潜力，用长远的眼光来衡量薪酬福利水平。

第六，工作稳定性及发展空间。

工作稳定性更多取决于行业和企业的属性性质。发展空间则体现为单位的用人培养体系和晋升体系是否完善，以及是否存在自由公开、公平公正的竞争环境。

第七，家庭期待。

父母及家庭成员对子女的职业期待会潜移默化地影响大学生职业选择的倾向，甚至可能干预大学生职业类型、择业地区等的选择。由于大学生缺乏社会经验，对职业的看法和期待很大程度上受到家庭的影响。例如，有些父母希望孩子拥有一份稳定的工作，希望他们毕业后选择公务员、事业单位或国企等工作，而有的父母希望孩子能够坚持深造，还有的父母希望孩子在社会上"闯一闯"。

综上，毕业生在职业选择关口，首先要做的还是深入了解自己，正确认识自己的兴趣，能力和愿望，明确自己想要做什么、适合做什么以及能做什么。如果面对手中的多个 offer 而迟迟不能做出决定，你可以考虑将几份工作进行量化打分，把职业选择中的影响因素按照你认为的重要程度进行排序。在排序前，可以适当提高排序因素的权重系数。然后，根据你对每份工作在各方面的满意程度给出 1—5 的分数，最后进行加权求和，分数越高说明这份工作越符合你的预期。还有一个更简单的方法，把你手中的 offer 薪资统一看成是一个标准，这时做出的选择往往是你内心最真实的想法。以上两个方法不一定能帮你做出最终的决定，但一定程度上可以较为明确地帮助你认识自己的职业价值观。当然，从以上分析也可以看出，职业薪酬福利只是职业选择时众多需要权衡考虑的因素之一。作为大学毕业生，你的职业生涯还很长，目前工作的前五年薪资水平也不应是着重考量的因素，你应当用更长远的眼光来考虑该职业未来 10～20 年的发展潜力和上升空间，同时斟酌权衡其他因素做出决定。

因为诸如上述的个人因素和环境因素的影响，势必会导致毕业生职业选择趋向多元化。然而，我们仍希望应届毕业生不必过于看重当下的薪酬福利因素，而应更多地以个人兴趣、价值追求、社会贡献等为考虑重点，或投身中西部建设，到祖国需要的地方去；或扎根基层选调事业，全心全意为人民服务；或全身心投入科研，立志为攻克"卡脖子"技术贡献力量。当个人发展置身于历史发展的洪流中，与祖国同向同行，祖国终将选择那些选择了祖国的人。

于涵川

面临职业选择，
选调生岗位适不适合我？

　　我即将面临职业选择，虽然这几年对目前的专业进行了系统性学习，但如果未来从事相关行业岗位，这也不是我想要的。我从别的同学处了解到，选调生等社会管理和公共服务类岗位也是很好的职业选择。我从小就希望利用自己所学所长，去帮助有需要的人们，如果能在另一种岗位上发光发热，或许是更适合我的选择。请问老师，选调生的发展道路怎么样，我适合走这条路吗？

　　看完来信让我不禁想起自己毕业前进行职业选择的过程，那些和你一样的迷茫、纠结和困惑仍然历历在目。在我们常用的社交平台上，输入"就业"或"职业选择"等关键词你会发现，很多同学在进行职业选择时都存在着各式各样的疑惑和不安，产生着诸如"什么样的工作是好工作""××岗位就业前景怎么样""我适合什么样的工作"等疑问。所以不用焦虑也不要担心，围绕你所提的两个问题，在职业选择的过程中，可以从以下几个方面着手进行综合考虑。

首先，怎么判断自己是否适合某份职业。正如古话所言："知己知彼，百战不殆。"我想第一步需要做的是学会"知己"，即充分、全面、客观地了解自己。在此基础上作出自己是否适合某份职业的价值分析和判断，进而实现个人与工作相适应，做到个人能力和特性与职业要求相协调。"知己"主要包括个人性格、兴趣、能力、价值观等方面，其中兴趣和能力是决定职业适应性即职业成功和工作满意的两个主要因素。"兴趣"我想不用过多赘述，"能力"则包括专业能力、学习能力、沟通能力、应变能力等方面。在"知己"的过程中，除了"照镜子"对以上几个方面进行自我检视和分析以外，也可以多和身边的同学、亲友、老师多聊一聊，听听看他们对你这些方面的评价，从而形成对自己的客观认识，作出自己想要从事什么类型的职业的意向判断。在确定好职业方向后再深入了解意向职业所需的各项能力和特质，自己与之进行匹配和分析，作出自己是否适合意向职业的判断。说到这里，我想讲一讲我曾经的一位学生小源的故事。小源进入大学以后专业成绩一直在班上名列前茅，综合素质也很突出，但随着对本专业学习的深入，他开始逐渐认识到自己并不适合从事专业相关的工作，而是想要从事公共服务类的工作。因为从小受孔繁森、焦裕禄等"时代楷模"的影响，小源在心里一直有一个梦想，那就是想要到祖国的西部去，去看看那里还需要什么，看看利用自身所学专业知识还能为那里的人们做些什么。所以从中学到大学，小源都是班上的学生干部，非常乐于帮助别人，在他眼里"每当看到身边同学通过自己的帮助问题得到了解决就特别有成就感"。在进行职业选择时，小源对自身情况特点进行深入分析后，又征询了身边老师、同学和父母的建议，最终选择考取西部某省份的选调生。"上岸"以后，小源如愿到了他渴望的地方工作，虽然条件很艰苦，停水、停电、断网是常有的事，但他从未后悔。他说："我到这里来就是为了弥补当地发展的一些空白，解决老百姓的实际困难，找寻自己和这里的共有未来。"小源正是在对自身充分了解的基础上作出了符合自身特性的职业选择，实现了个人价值。

其次，怎么分析某份职业的发展前景如何。这就需要学会"知彼"。一方面，从职业本身的含义来讲，"职业是人类参与社会分工，利用专门的知识和技能，为社会创造物质财富和精神财富，获取合理报酬，作为物质生活来源，并满足精神需求的工作"。通俗地说，我们的意向职业需要满足三个基本条件：能够创造社会价值，能够劳有所获，能够实现自我价值。另一方面，要在做好充分的背景调查基础上分析意向职业的发展前景，主要包括全面地了解自身所处的时代背景和意向职业的背景。时代背景包括政治、经济、社会环境、国内外局势等。人是社会的人，社会是人的社会，全面了解自身所处的时代背景，才能更好地从中发现个人的发展机会，实现个人价值。当前，我们正处于百年未有之大变局，国际局势波谲云诡，国内经济社会发展的不确定性、不稳定性因素增多，作为当代青年需要时刻洞悉世界局势，承担起时代责任，真正将个人理想融入国家和民族的事业中。做好意向职业的背景调查，其实也就是要了解清楚意向职业的组织环境、发展战略，意向岗位的专业要求、发展前景等。就信中你所提到的选调生这一职业而言，选调生是中国共产党选拔和培养人才干部的一项重要制度，党中央和各级党委对选调生工作高度重视，尤其是党的十八大以来，党中央更加重视选人用人的基层导向，越来越多的选调生被招录到基层从事党政工作，中央组织部、中央办公厅和各地组织部门也相继出台了一系列关于选调生的党内法规及配套文件。迄今为止，我国选调生人数已经超过 30 万人次，成为新时期党治国理政的后备骨干力量。如果你也像小源一样，有志于扎根基层、服务基层，我想选调生会为你的成长提供比较好的舞台，帮助你更好地实现个人价值。

最后，如果通过"知己知彼"的了解分析，你将选调生作为了自己的职业选择，我想建议你多参加一些选调生相关的职业分享会或者学校、学院的各类选调生训练营，更加深入地了解选调生背后的故事，并从现在开始养成时刻关注国内外时事的习惯、提升自身与人沟通的能力、锻炼自身公文写作的能力、涵养奉献自我和担当作为的精神等。选择选调生，就是选择了担当时代责任，将青春置于全面建设社会主义现代化国家的实践中，将个人成长置于实现中华民族伟大复兴的征程中，将个人价值与国家所需有机地结合起来，为党和人民的事业贡献自己的力量。我也希望你在最终作出选择之前，再问一问自己，选择选调生是不是只是单纯地想追逐选调生本身所具有的光环？是不是受身边同学或者家庭的影响？是不是对专业相关岗位的一种逃避甚至无奈？如果是，希望你能进一步深入地"知己"和"知彼"，多寻求身边老师、学长或者专业心理咨询师的帮助，以便更有针对性地解决你的困惑。

刘俊良

"回家进体制" or "大城市打拼"，
我该怎么选？

我是家里的独生女，从小爸爸妈妈就很宠爱我，也希望我能有一个稳定的工作，我和他们的关系也一直很融洽。但是最近和他们在沟通未来的职业规划时发现，他们希望我毕业后考家乡的公务员，但我还是更希望毕业以后留在上海打拼。老师，我该怎么办？

人的一生会面临许多重要的选择。毕业后是"回家进体制"还是"大城市打拼"，每个面对这个选择的人都会有各种不同的思考。这个问题没有标准答案，但一定有更适合你的选择。你可以尝试从以下几个方面综合考虑。

第一，明晰个人规划。

经过大学阶段的学习，首先需要对自己掌握的专业技能有一个全面的认识。其次，需要明晰个人的兴趣爱好和对未来生活的期盼。在思考清楚自己对于这两个问题的认识后，你才拥有选择未来职业的能力。当然，你也需要通过一定的方式来帮助自己更快地明晰职业规划。例如，你可以通过性格测试等方式来明确自己的兴趣爱好和个人发展倾向；你也可以积极主动地向老师咨询，了解各种职业未来的发展前景，着眼于未来十年甚至更远的发展，判断这是否是你想要的生活。

第二，增强职业认知。

"回家进体制"，从父母的角度来看，家乡体制内的工作更稳定安全，并且能够为你提供更好的福利和保障。同时，国家一直支持和鼓励学生返乡就业创业，到祖国需要的地方建功立业，选择回家乡就业也是选择与祖国同向同行。在"大城市打拼"可能意味着更灵活的就业方向和更广阔的发展路径，大城市生活的精彩程度很高，但是生活压力和面临的各种风险也会随之增加。两者各有优缺点，需要你基于自身的现实情况慎重选择。

第三，积极沟通交流。

尽可能使用一对一的方式进行对话，确保双方都有机会表达自己的想法。你需要试着解释清楚两种选择的优缺点，表达个人目标和梦想。父母的出发点是希望你以后有一个更好的生活，回家乡工作也有很多优点。如果选择回乡，一方面，你可以获得经常与家人团聚的机会；另一方面，在家乡生活的负担相对会更小，而且家庭也能够给你提供更多的支持。如果选择留在上海，你需要向父母解释想要留在上海的理想和动机。可以列举一些身边在上海发展的学长的案例，谈论个人的职业规划、技能发展和个人目标。还可以通过收集并展示关于上海就业市场、行业趋势和职业机会的资料，让父母能够更加客观地了解你的选择是基于现实的考虑，并且是有前景的，以此来支持你的选择。另外，在沟通过程中，注意始终尊重他们的观点和意见，认真倾听他们的担忧和期望，回应他们的疑虑。

第四，寻求折中方案。

如果一直不能达成共识，还可以尝试与父母一起寻找折中的解决方案。例如，在上海也有许多与公务员类似的工作机会，你可以提议先在上海工作一段时间，再考虑是否考家乡的公务员。这样做可以让你在未来也有很好的发展。这种方式可以帮助你平衡家庭的期望和自己的理想，同时也给你一个过渡的机会。有时父母可能需要时间来接受变化。

最后，你需要为自己的未来作出决定。家人的意见和期望是出于对你的关爱和照顾，你的父母也许需要一些时间来接受你的选择，但通过持续的沟通和展示你的决心，他们可能会开始理解和接受你的观点。无论你选择什么道路，坚持并努力工作，最终取得成功都将会让你的父母为你感到骄傲。

范朗朗

父母不同意我去支教，该如何说服他们？

我的父母思想观念传统，希望我安稳地读书，毕业后找一个稳定的工作。可是我希望过更加精彩、更加有意义的人生。我计划在毕业后去支教，但是父母认为这是浪费时间，对我将来的职业规划没有好处。我该怎么争取父母的理解？

在现代社会中，教育被广泛认识为改变命运的关键因素。然而，由于历史、地理、经济等因素的影响，我国地区教育发展不平衡的问题依然存在，具体表现为部分欠发达地区的教育资源分配不均、教育投入不足、教育质量差异大等现象。为了帮助更多孩子打开梦想之窗，大学生支教团体日渐壮大。然而，在这条希望与责任的道路上，有时会面临着来自家庭的担忧、不理解甚至反对。当同学们面临这种情况时，应该如何有效与父母沟通，打消他们的疑虑，以期获得支持呢？

第一，深入自我思考，创造沟通条件。

与父母沟通之前，应首先进行深入思考，明确自己支教的念头是坚定的愿望而非一时的冲动。通过多渠道的信息收集，充分了解支教的现实意义和真实情景，理清自己参与支教的目的动机、预期收获、可能面临的生活状态改变，可能遇到的问题和解决办法，以及因为选择支教而需要做出的取舍。在思考清楚上述问题后仍坚持支教的选择，那么也就意味着你已经做好了与父母交换想法的准备。

此外，与父母沟通前还需要明确的关键一点是：父母是真的关心你，担心你。虽然可能不理解你的想法，但是真切地在为你的未来考虑谋划。上述心理建设可以为理性沟通创造前提，站在父母的立场考虑问题，始终保持平和的心态也至关重要，有助于父母更好地接受我们的想法。

第二，阐明动机意义，寻求父母理解。

在与父母沟通时，首先可以通过理性与感性相结合的方式向父母详细介绍你参与支教的动机。你可以解释教育是改变命运的钥匙，希望能够在支教地区孩子们的人生中留下一道光，让他们看到属于自己未来的无限可能。同时，向父母表示，他们的支持是你前行的不竭动力和坚实后盾。辅以支教宣传文字和影像、真实的记录视频等补充说明，可以帮助父母感受社会和高校对于支教事业的支持和呼唤，进一步争取父母的理解。

继而可以向父母表明，支教不仅是为了给他人带去改变，更是我们自己难能可贵的成长机会。首先，部分志愿支教经历，如研究生支部团、西部计划等,会以服务证书及服务鉴定的形式记录为一年工龄,这是一种制度保障。其次,在支教地区,我们将跳出学校的舒适圈,面对身份和环境的双重改变。这些挑战将锻炼我们的应变能力、人际关系处理能力以及解决问题的能力,让我们更加坚韧和成熟,富有爱心和责任感,为我们的未来打下更坚实的基础。同时,通过面对不同的环境和挑战,我们也能够更好地了解自己,发现自己的优势和不足,发掘自己的潜在可能,这种自我认知将有助于我们规划自己的未来,积累宝贵的人生经验。正如每一位去西部的青年所喊出的那句朴实而又美好的口号:"用一年不长的时间,做一件终生难忘的事情!"

第三,提出可行计划,化解父母担忧。

在向父母解释清楚你对于支教的理解和真实想法后,接下来就需要针对父母所担忧的问题提出具有可行性的详细计划,尽可能对问题进行双面论证,分析利弊得失,以打消父母的顾虑。例如,在未来规划方面,可以借此机会与父母做一次深入交流,先告诉他们你对于未来想要从事的事业有怎样的期待,再用实际的案例剖析支教经历将会对此有哪些实际助益;在生活条件方面,可以举例说明你的个人生活技能以及环境适应能力,请父母相信你可以在相对艰苦的环境中很好地照顾自己;在安全健康保障方面,对计划前往的支教地做充分调研,提前了解当地的教育、文化和生活环境的知识。对可能存在的安全隐患采取必要的预防措施,同时承诺与父母保持定期联系,时时交流,常常关心。如有机会,可以利用寒暑假报名参加短期支教项目,提前感受,更好适应,进一步化解父母的担忧。在与父母充分交流后,如果他们仍然存在疑惑，也可以请亲朋好友和学校指导老师具有针对性地解释说明。

最后，请真诚地向父母表达感恩与尊重，因为父母为我们创造了良好的成长教育环境，使我们拥有了正确的价值观和远大的目标理想，才让我们作出了通过支教锻炼自我、回报社会的决定。教育就是一朵云推动另一朵云，一棵树撼动另一棵树。我们已经是被推动的云，被撼动的树，这正是我们将父母的教育付诸实践的传承良机。祝福各位心怀梦想的同学能够顺利地找到既兼顾家庭意愿、减轻父母担忧，又能够达成所愿的平衡点。愿你们带着父母的助力和祝福，在自己奔腾的青春里翻涌出奉献与希望的波澜壮阔。

于　力

我该不该为了家庭放弃个人理想？

我在上学期制订好了后面的求学计划和职业发展规划，但天有不测风云，最近家里发生了一些变故，完全打乱了我原有的计划，虽然我也知道"计划总是赶不上变化"的道理，但我现在真的不知道该怎么办了，对未来充满了迷茫，请问老师，您能帮我出出主意吗？

家庭发展与个人发展是相辅相成的。家庭是个人发展最有力的支持单位，家庭能够以最有效的分工配合支持个体实现全面发展。这表现为父母会尽最大努力帮助自己的子女发展学业、事业乃至家庭。但不可否认的是，个人发展与家庭之间也会存在竞合关系。当家庭功能下降时，可能会成为个人发展的阻力。这就需要我们去寻找一个平衡点。

个人发展与家庭怎样实现"协调发展"？这要求个人在追求

职业、教育和专业成就的同时，也要关注和参与家庭生活，与家庭成员建立良好的关系。这种协调发展可以带来个人和家庭成员之间的相互满足和幸福感，同时也有助于个人和家庭的全面成长和发展。要实现个人与家庭的协调发展，可以从以下几个方面考虑：

其一，合理分配时间，既要关注在校的学习生活，也要给家庭留出足够的交流时间。

其二，制订合理的财务规划，求学与职业发展的路上离不开对个人能力提升的投入。这要求我们在经济能力固定乃至减弱的情况下合理支出，兼顾个人与家庭的生活。

其三，注重健康管理，保持身心健康是应对个人与家庭生活中挑战与压力最为关键的因素。健康的身心才可让个人与家庭都能放心地提升。

合理的时间管理、财务规划、健康管理等，可以更好地实现个人和家庭的全面成长和发展。

那么在家庭情况与个人理想出现冲突时，我们应当思考这一冲突是暂时的、可调和的，还是永久的、无法调和的。在重视个人发展的同时，不能忽视作为家庭成员应承担的责任。若冲突只是暂时的、可调和的，那在追求个人理想这段较为漫长的道路上，我们是可以在肩负家庭责任的同时去实现个人理想的，只不过当下，需要我们将更多的精力投入家庭。等家庭情况好转后，便可以全身心地去实现个人理想。与此同时，家庭也能给予你更多的支持。若冲突是永久的、无法调和的，我们在分析清楚个人理想实现过程中所有可能出现的利弊之后，能接受其中最坏的情况后，可以适当地减少家庭在个人精力中所占的比重，将更多的精力投入个人实现理想的进程。

我们需要积极了解家人的观点和需求，理解家人期望的平衡点以及对个人理想的关注和支持。请记住，暂缓个人理想的实现并不意味着放弃一切。你可以寻找折中和调整的方法，探索能够满足个人追求的新的道路和机会。最后，我希望你能够成为家庭新的支柱，保持乐观，积极努力，相信自己，相信未来。

周　豪

考研失败加入求职大军，
我该如何提升个人竞争力？

我是一个考研"落榜生"，本来就是抱着试一试的态度去考的，考上了自然好，考不上就去工作。抱着这样的心态，我现在倒也没有很失望，只是在找工作时有所顾虑——在春招中我会不会没有竞争力。相比那些一开始就选择找工作的同学，我的准备其实并不充分，我该如何提升自己的竞争力呢？

近年来硕士研究生报考人数屡创新高，然而报考录取比却不容乐观。每年考研成绩公布后，一大批考研"落榜生"加入春招。与秋招相比，春招最明显的特点就是节奏快，一方面各公司在春招时的招聘人数大幅减少，另一方面招聘持续的时间较短，这对求职者的综合素质能力提出了更高的要求。那么如何在浩浩荡荡的求职大军中脱颖而出呢？

第一，复盘考研失败经验，快速调整求职心态。

态度决定一切。从考研的经历和结果来看，抱着"试一试"的态度去做事，往往会以失败告终。求职也是如此，既然打算找工作，就要有破釜沉舟的勇气和决心，全力以赴，坚持到底。在求职过程中，你可能会感到焦虑，特别是面对从投递简历到笔试面试的等待过程，或者连续收到多家用人单位的拒绝通知时，这几乎是每一名求职者都经历过的状态。一般而言，适当的焦虑可以在一定程度上激发你的上进心，促使你积极寻找工作，充分发挥求职的主观能动性。但如果你感到焦虑情绪较为严重，建议你积极与父母、老师、同学沟通，寻求帮助和建议；给自己一些积极的心理暗示，坚定求职必胜信念，从而缓解求职压力与焦虑情绪。

第二，清晰认知个人规划，明确未来发展方向。

中国人民大学中国就业研究所联合智联招聘发布的《2020年大学生就业力报告》显示，"太迷茫、不知道自己应该选择什么样的工作"是毕业生未获得录用的主要原因。那么，该如何挖掘自己内心深处的原动力，正确把握职业偏好，合理进行职业规划呢？你可以参考以下三个原则。一是"喜好原则"。兴趣是最好的老师，如果没有明确的兴趣爱好，则可以利用职业性格测评工具，比如 MBTI、霍兰德、九型人格等，根据测试结果进行职业探索。二是"擅长原则"。俗话说，三百六十行，行行出状元。想要知道自己适合什么工作，需要客观地评估自己具备的能力。在某种程度上，硬技能体现的是智商，而软技能则体现了情商和逆商。做自己擅长的事情更有助于你在工作中脱颖而出。三是

"价值原则"。人的志向各不相同，能够实现自我价值的工作更容易长期坚持从事。

第三，从一份简历开始，把握求职第一步。

简历是求职过程中的一块敲门砖，是向用人单位展示自己的一张名片，也是求职中极其重要的一个环节。首先，需要总结个人经历素材。包括充分挖掘自己的校园经历和实习经历，概括个人的特长优势，并用数据来增强简历的说服力，从而展现个人的综合能力和职业素质。其次，需要搭建简历的整体框架。结合个人素材，合理规划简历的布局，尽量选择简洁大方的排版模式，并将用人单位需要的核心要素突出展示在简历的核心板块中，以突显个人的核心竞争力。随后，需要细致入微地打磨简历。逐句检查，反复推敲句式和排版，确保简历文字准确无误，避免文字过分繁冗。针对不同岗位的需求，进一步完善简历，提高个人与目标岗位之间的匹配度。此外，咨询老师或已经找到工作的同学，发现简历的不足之处，并在有限的时间内努力提升简历质量。

第四，广泛搜集招聘信息，全面提升求职能力。

在求职过程中，很多时候打的就是"时间差"和"信息战"，因此尽早获取更多的招聘信息会增加你的机会。建议你准备一个专门记录春招信息和进度的表格，及时记录用人单位的招聘进程和个人求职进度。学校就业网、用人单位招聘官网、51job等招聘平台都是获取第一手招聘信息的重要途径。此外，你可以通过老师、同学、校友等资源，进一步了解岗位招聘信息，寻求内推引荐机会。在准备笔试和面试环节时，建议你广泛搜索以往应聘者的经验分享帖，了解相关题型与内容，总结回答内容与技巧并熟练掌握。同时，尽可能多地进行面试模拟，提高思维逻辑和语言表达能力，形成适合自己的应对策略。理论知识与实践经验缺一不可，为"实战"做好充足准备。

　　求职是一场没有固定距离的长跑，在此过程中不可避免地会经历一些挫折和失败，但这些都是发现不足、提升能力的宝贵机会。我们要在挫折中成长，在失败中总结经验，不要轻言放弃，要全身心地去投入，一个脚印一个脚印地扎实前行，一步一步地迈出去，相信自己。最终，你一定会找到适合自己的岗位！

李　明

多次被拒，
我还能找到心仪的工作吗？

今年校招我投了几十家单位，可是只收到寥寥几份面试通知。在面试完这些单位后，自我感觉也不佳，可能都"没戏"了。经历过这么多失败，我很难再提起勇气去面对招聘单位，但找工作又是不得不面对的事。老师，我该怎么办？我还能找到心仪的工作吗？

毕业季，对于许多大学生来说，是一个充满期待和挑战的时期。你们要面对从学校到社会的转变，要寻找自己的职业方向，要投递简历、参加面试、竞争岗位。然而，求职的过程并不总是一帆风顺，难免会遇到挫折和失败。求职中遭遇简历石沉大海、面试后自我感觉不佳等，是毕业生刚开始找工作时常见的情况。并不是你不够优秀，也许只是你还未找到合适的方向和方法。不用过度焦虑和担心，也不应该放弃自己的梦想和信心，而应该从失败中吸取经验和教训，找出问题所在，改进自己的求职策略，提高自己的竞争力。在这里，我向你分享一些建议，希望能够帮助你重新振作起来，迎接新的机遇。

首先，要分析简历问题，在求职的过程中不断优化简历。

简历是你向招聘者展示自己的第一张名片，也是你获得面试机会的关键因素。招聘者查看一份简历的平均用时较短，如果不能在一页 A4 纸的简历中突出有效信息就很难脱颖而出。如果你的简历存在一些问题，比如格式不规范、内容不突出、信息不全面等，那么你可能会错失一些适合你的岗位。因此，你应该认真检查和修改你的简历，使之更加符合招聘要求和岗位特点。你可以参考一些专业的简历模板，或者请一些有经验的人士给你提供意见和建议。你也可以根据不同的岗位进行个性化和针对性的调整，突出你的优势和匹配度。在求职的过程中，你应该持续关注招聘动态和反馈信息，不断优化你的简历，提高你的简历质量和效果。求职过程中的失败经验能让你看清自己真正具备什么样的能力，需要规避哪些缺点，以及如何让心仪的公司看到自己的亮点。要学会从失败中总结经验教训，通过制作"求职应聘错题本"，让自己规避一些低级错误，尽量不让自己在同一个地方多次跌倒。

其次，要反思岗位选择，尽量选择与自身专业和特长匹配的岗位。

在求职时，许多毕业生会盲目地投递大量的简历，希望能够增加自己的面试机会。然而，并不是所有的岗位都适合你，也不是所有的岗位都能让你发挥自己的潜力和价值。除非你是"量身定制"的专才，否则招聘单位对你"一见钟情"的概率是小之又小的。如果你选择了一个与自己专业、特长和兴趣不匹配的岗位，那么你可能会在面试时表现得不自信、不专业、不熟悉。这不仅会影响你的求职结果，还可能降低你的自信和积极性。每一次求职都是一个全新的起点，需要重新定位自己，重新审视自己是否设定了过高的期望值，先找准目标行业、公司和职位，然后投递简历。因此，你应该根据自己的实际情况和期望目标做出合理和明智的岗位选择。你可以通过网上搜索、咨询导师、参加招聘会等方式了解各种岗位的要求和特点，并且结合自己的专业、特长、兴趣等因素进行筛选和比较。尽量选择与自己匹配度高、发展空间大、前景广阔的岗位，这样在面试时你才能展现出你的优势和激情，并在工作中实现自身的价值和成长。

再次，要复盘面试情况，通过学习和总结不断提高面试技能。

面试是你与招聘者进行直接沟通和交流的环节，也往往是你获得录用机会的最后一关。如果你在面试时表现不佳，那么你可能会失去一些原本可以获得的岗位机会。因此，应该认真准备和复习你的面试内容，包括自我介绍、专业知识、工作经验、岗位分析等。你可以通过模拟面试、录像回放、请教他人等方式提高面试技巧，比如语言表达、仪态礼貌、应变能力等。在求职的过程中，认真把握各种面试机会，不要因为失败而气馁，而要从失败中汲取经验和教训。在每次面试后进行复盘和总结，找出自己的优点和缺点，分析自己的表现和结果，制定改进措施和计划。

通过学习和总结不断提高你的面试技能，增强你的面试信心和水平。正所谓"精诚所至，金石为开"，要用强大的内心支撑自己，坦然面对。正如在健身路上需要时刻提醒和鞭策自己一样，在求职路上，时刻为自己做心理建设非常必要。"我能！我行！我可以！"这种口号不妨多在心里喊几次，这样的心理暗示也能产生积极作用。

最后，要学会调整策略，准确把握就业形势。

在求职时认清自身能力，建立坚固心理防线之后，还需要对职场形势进行充分的了解，才能最好地选择未来职业之路的方向，制订最适合自己的规划。根据相关调查，毕业生在求职过程中平均投递简历18份，平均获得面试机会4次，而从开始求职到最终落实工作，平均用时4个多月。可见，求职是一个需要长期努力的过程，你需要先根据不同的阶段制订不同的计划，然后根据不同阶段的结果随时调整和改变应对策略，进而让自己最终胜出，找到属于自己的施展才华的舞台。通过查询不同行业分析报告、职场人就业调查报告等资料，不难看出，不同行业、职业和城市会呈现出不同的就业形势。这凸显了分析形势和制订规划的重要性。求职时若能做好这两点，不论遇到何种情况，选择的方向都不会偏离，而且求职之路会越走越宽，心态也会更加稳定。对未来可能会发生的事情有所预期，当真正面对时，就会更加坦然，也能够有更多的方法应对。

总之，求职失败并不是一件可怕的事情，而是一次宝贵的学习和成长的机会。只要你能够正视问题，改进策略，提高能力，你就一定能够找到适合自己的岗位，实现自己的梦想。我想提醒你，你的努力绝不会被忽视。你的老师、朋友和家人都在为你加油，我们都相信你有能力实现目标。请不要因暂时的困难而放弃，你的未来充满无限可能。你的每一次尝试，无论结果如何，都是值得肯定的。希望我的建议能够对你有所帮助，祝你求职顺利！

赵家鑫

毕业前求职迷茫，
我要不要"gap 一年"^① 缓一缓？

近几年的就业形势风云变幻，作为一名即将毕业的大学生，我常常感到迷茫，不确定未来要从事什么样的工作。我意识到自己的积累还不够，想要再多些时间来沉淀自己。可是很多机会转瞬即逝，如果我不多去试一试的话，又怎么知道哪些是机遇，哪些不是呢？我很迷茫，要不要 gap 一年？

近年来，未来选择的多元化以及毕业前的迷茫是许多大学生都会面临的挑战。"gap 年"的概念也在一些国家逐渐流行起来，具体指年轻人从一个阶段到另一个阶段之间，利用一段时间（通

---

① gap，缺口，间隙。gap year 俗称间隔年。gap 一年，即间隔一年，空档一年。大学 gap 一年一般指大学生在毕业之后、工作之前间隔一年，在步入社会之前体验与自己生活的社会环境不同的生活方式。

常为一年）来休息、思考、体验和过渡人生。在此期间，他们可以进行各种不同的规划和安排，例如旅游、实习、做义工、准备升学或者创业等。在离开学校环境生活的情况下，以不一样的方式学习生存技能、增进自我了解、加速个人的社会化过程，探索自身未来的发展方向。但"要不要 gap 一年缓一缓"是一个需要仔细考虑的议题，在作出决定前，不妨对自身情况进行一次全面的分析。

第一，深入地了解自己。

在实际的 gap 年中，脱离了学校和老师的管理及约束，时间安排完全由自己决定，这需要极高的自律性、耐性和毅力，因此需要先合理评估个人的自我控制和自我激励能力。同时，对自己过去几年的大学经历进行梳理，围绕"我想做什么""我能做什么""我拥有什么"等问题与自己对话，并做出相应的回答。此外，结合性格测试和个体咨询，理性地看待自身优点和不足，基于自我现状对是否选择 gap 年进行更深入的剖析。例如，要深入考虑自身的未来职业规划与定位，部分行业对个人经历连续性的要求和关注度较高，这时 gap 的经历可能会为你带来一些困扰；但如果你计划走上学术道路，利用 gap 年进行了深入的科研探究，参与课题项目并提升能力，则这一选择会提供非常大的助力。

第二，多方地征集意见。

结合"局外人"的视角给予自己更多启发，先充分考虑再做出最终的决定。主动向学校老师、家长、同辈同学及朋友寻求帮助：可以请老师帮助分析工作行业未来几年的发展形势，提供简历修改、求职技巧、工作机会等方面的支持；与家长共同讨论如果选择 gap 一年可能面临的现实问题，明确家长是否同意并提供一定的经济支持；与同辈朋友交换想法，了解他们目前的选择以及选择的原因；向曾经 gap 的学长请教经验，了解真正 gap 期间的感受与困难等。在这个过程中，你需要不断复盘，明晰选择 gap 会给自己带来哪些利弊。当你发现做出这个选择给自己带来的收益极大，且获得了很多人的支持，那么你可以大胆地选择迈出这一步；但如果 gap 带来的结果并不理想，且在实行过程中会存在许多阻力，则应该尽快开始新的人生规划，选择更好的发展路径，避免浪费时间。

第三，详细地规划未来。

无论是否选择 gap 一年，在临近毕业的节点上，都需要对未来的发展进行详细的规划，对可能存在的未来方向进行深入分析，明晰自己内心的倾向。假设选择 gap，那么就需要合理地安排与计划这一年的各个时间段，对应匹配自己的目标，罗列可能遇到的困难及应对办法，形成一个成熟且可行的方案。例如，如果你想利用这段时间充实自己的履历，提高申请研究生项目的竞争力，首先需要考虑如何分配时间去完成一段实习或者参与一个科研项目。其次，你需要明确如何获取这些机会，以及如何将这段经历转换为自己的加分项。最后，你需要尽快推进并落实自己的想法，将 gap 年的正向作用发挥到极致。假设你对 gap 存在担忧，考虑直接就业或者深造，那么你可以将自己现有的机会逐一列举并进行对比，以更加直观地分析各个选择的优劣势。你也可结合自己了解到的信息，将每个机会的发展路径作为重要参考项，以便督促自己尽快做出选择，结束当前的迷茫状态。

是否要选择 gap 一年并没有一个通用的答案，关键在于在决策前充分了解自己的需求和目标，权衡各种因素，确保你的决策是符合未来发展的最佳选择。人生的路途风景各有不同，作为年轻的毕业生，要允许自己、宽容自己，也要激励自己走出第一步。如果你坚信某个选择适合自己，且能够接受将要面临的困难与挑战，并为之坚持奋斗，积累经验，增长见识，那么你一定会走向自己向往的远方。

宋　睿

本章小结

求职之道：个人理想与国家发展同行

在生涯规划与就业选择中，每个大学生都怀揣着个人的理想与追求。然而，求职之道不仅仅关乎个人的梦想与成就，更在于如何将个人的理想与国家的发展紧密相连。在这个充满机遇与挑战的时代，将个人的职业规划融入国家的发展大局，不仅是一种明智的选择，更是一种责任与担当。以下五条建议，帮助你找到个人理想与国家发展的交汇点，实现个人价值与社会价值的双重提升。

1. 找准定位：将个人理想与国家需求相结合

在生涯规划与就业选择的征途中，首要任务是找准定位。具体而言，了解自己的兴趣、优势、价值观以及长期目标，评估个人技能、性格特质，探索对不同职业路径的偏好，都是这一过程中的关键步骤。更重要的是，要将国家和民族的需要纳入考量范围，思考自己的职业选择如何能够为国家和民族的发展添砖加瓦，找到个人理想与国家需求的完美交汇点。

2. 搜集信息：关注重大机遇和长远发展

积极利用新闻报道、网络资源、行业报告、校友网络、职业咨询服务等多元渠道，获取关于国家重大战略部署、不同行业、岗位的发展趋势、就业前景、紧缺人才需求和所需技能的最新信息。这些信息将为你提供宝贵的洞察，帮助你更好地了解职业市场的现状和未来。对于保研、出国、考研等发展方向，更需要从国家需要与个人兴趣、职业要求与个人能力、长期发展与短期收益等多个维度进行审慎分析，确保你做出更明智的决定。

3. 科学决策：将国家需要纳入决策考量

决策制定与风险管理是职业规划的核心环节。可采用多准则决策分析方法，为不同选项设定明确的评价标准并打分，评估每个选择潜在的风险与回报，从而量化比较各种选择的优劣。在这一过程中，确保将国家和社会的需要作为一个重要的考量因素，从而做出既符合个人发展又有利于国家和民族的职业选择。

4. 积极践行：以持续学习永葆职业竞争力

行动力与持续学习是职业规划成功的重要保障。无论你选择哪条职业道路，都要保持积极的学习态度和坚定的行动力，不断提升自我，为国家和民族的发展贡献自己的力量。面对挑战和失败时，保持韧性至关重要，将每次经历都视为成长的机会，不断调整和完善自己的职业规划。这将使你在职业生涯中始终保持竞争力和活力。

5. 平衡期望：让个人发展与集体期望同步

平衡个人与集体的期望是职业规划中不可忽视的一环。在职业选择时，要与家人进行开放、诚实的沟通，共同探索既符合个人理想又满足家庭和集体期待的职业道路。同时，要认识到职业选择并非一成不变，要根据个人成长、家庭状况的变化以及国家社会发展趋势适时调整职业规划，确保职业道路始终与自身发展和社会需求保持同步。

　　青年理想远大、信念坚定，是一个国家、一个民族无坚不摧的前进动力。现在轮到你行动了！将你所学的应用到实际生活中，开始规划你的职业生涯，让个人理想与国家发展同行。记住，你的每一个选择都不仅仅关乎个人，还关乎家庭、国家和民族的大局。

第四章

人际交往
与亲密关系

　　大学校园里的学生，作为初出茅庐的独立个体，虽有"海阔凭鱼跃、天高任鸟飞"的憧憬和自诩，但无论如何，大部分人都脱不开与家庭、校园和社会的联系，人的社会属性使得他们成为人际交往网上的一个点。如何处理好这张"网"上的"点"的对外交往和关系，是每一位大学生除了学业之外，需要积极面对、主动适应、力求通达的重要事项。有的同学上了大学后和父母关系疏离，甚至因为意见分歧而冷战；有的同学与研究生导师缺乏有效沟通，导致科研进展停滞不前；有的同学线上"社牛"，线下"社恐"，感觉无法融入真实的校园生活；还有的同学在如何进一步加深人际关系或维持亲密关系上遇到了障碍，导致大学校园中出现了越来越多的"原子"。

本章内容，将陪伴你探索人际关系和亲密关系方面的常见问题，从家庭关系、师生关系、同学关系、恋爱关系等方面出发，帮助你释放人际交往的潜能，掌握人与人交往的艺术，更自信地与他人交往，建立良好的人际关系。

抬头不见低头见，
寝室闹矛盾怎么办？

我是刚入学的新生，在读大学之前一直都是走读，没有集体生活的经历。进入大学之后每天和同学们生活在一起，生活习惯、作息时间都有差异，很容易产生矛盾。我很想和室友处好关系，请问老师我应该怎么做呢？

你提到的问题是许多新同学都会面临的一个问题。进入大学后，绝大部分同学会住在学校的宿舍，与几位同学成为室友，形成一个集体。然而，由于成长环境不同、生活习惯差异以及长时间处于同一个生活场景中，难免会产生矛盾和摩擦。因此，如何与室友友好相处，是大学生活中需要认真思考和处理的一个问题。

每一位同学对于寝室生活和室友的期待都有所不同。有的同学会认为，室友是自己在大学生活中相处时间较多的人，更多的时间、空间重叠让室友成为大学生活中非常重要的组成部分。因此，他们希望能够和室友处好关系，建立深厚的友谊；而另一些同学则认为，在实际的大学生活中，自己的大部分时间处于课堂、实验室、学生组织里，寝室只是日常休息的场所，更希望有自己独自休息的时间。实际上，不管是哪一种想法，同学们的首要目标是一致的，即希望能够与寝室的同学和谐相处，平稳度过大学生活。

那么，面对成长环境不同、性格存在差异的室友，我们该如何促进寝室关系的和谐稳定呢？在此基础上，如果希望能够和室友建立深厚的友谊，又该采取哪些行动呢？以下是一些建议，供你参考。

第一，摒弃过于"理想化"的人际交往观念。

正如前文所述，有些同学对社交关系的需求以及室友关系的期待并不强烈。而当下同学们对人际交往的评价和期望中，有着较为明显的"理想化"倾向，即把人际关系想象得过于美好，期待人际交往能够带来过多的情绪价值和实际利益。然而，现在大学生中独生子女较多，实际的成长环境中，很少有照顾别人生活、顾及别人感受的经历。与此同时，当代大学生存在的较强的竞争意识，导致自己对他人的信任度较低。这些因素都影响了良好人际关系的建立。因此，在实际的人际交往中，我们不应抱有特别理想化的期待，而要以平和的心态来看待和处理人际关系。

第二，以"同向"的心态弥补个性差异的问题。

每个人的脾气秉性、生活习惯不同，共处于同一个寝室中难免出现摩擦，这可能会影响良好人际关系的发展。然而，同学们在年龄、文化程度、生活交往等方面有相似之处，在学习和生活中更容易在彼此的交往中产生共鸣，建立相似的情感联系。这种行为上的相似和情感上的共鸣为良好人际关系的发展奠定了坚实的基础。因此，在实际的寝室生活中，我们应该持有同向前行的心态，积极地探索和寻求同学们在性格差异上的互补。

第三，积极地寻求和室友、同学间的"同频共振"。

在大学生活中，同学、室友和自己相伴的时间最多，在人际交往中，身边的人更容易和自己"同频共振"。不只是室友，身边的同学、学生组织里的伙伴，每个人都有着多元化的喜好和发展方向，遇到和自己志同道合的朋友也比较容易。以米哈游的四位创始人为例，由于他们有着相同的兴趣爱好和专业方向，宿舍住在一起，建立了深厚的友谊。在互联网快速发展的背景下，他们经常聚在一起讨论技术、动漫，共同开发网页游戏。在大家的共同努力下，他们成立了"米哈游工作室"，而后不断发展壮大，最终将米哈游打造成了国内发展最为迅速的游戏公司之一。由此可见，在人际交往中，和自己志同道合的朋友相处更为重要，这也更值得同学们去发现和培养。

正确处理人际关系是大学生活中的一个重要课题，需要同学们不断地实践去探索自己的交友观念，学会与人为善、热情交往、关爱他人，同时也要关注自己和他人的情感需求，以建立更加健康、和谐的人际关系。

以上建议仅供参考，祝你在大学生活中能够快乐成长。

王　智

遇到只想"划水"的组员，
我该怎么办？

我们在有些课程学习中，老师布置的是团队大作业，有些同学申请加入我们组，但是实验和讨论一直不参加，分配的任务也从来不完成，最后，他们也能通过课程考核，但这显然对其他组员不公平，作为组长，我应该怎么办？

现今，小组作业是大学课程中较为常见的一种教学形式。它是一种为提高生产力而采取的分工合作模式，有利于培养大学生的团队合作精神。但是在合作过程中，若遇到"划水"队友，大部分的工作往往会落到某几个人或某一个人头上，而最终的小组成绩却是一样的。这让小组付出劳动的同学们颇有怨气，开始质疑小组作业的存在价值。

在思考如何应对这类现象之前，我们先分析一下，为何会出现队友"划水"的现象。我通过与曾参加过小组作业的学生进行交流，将"划水"学生大致分为这样五个类型：①自己单独作业时很努力，但在群体作业时就想方设法推脱；②没有主观能动性，只完成分配的任务，但从来不主动，甚至有些敷衍；③性格内向的"I"人，和其他成员不熟，又难以在短时间内和大家混熟，缺乏积极的表现欲；④成绩不好，且不在意学习成绩；⑤在意学习成绩，但认为小组内有靠谱的大佬同学扛着，可以"抱大腿"。可想而知，小组内一旦有这类"划水"的同学存在，不仅会使整组战斗力大打折扣，更会影响其他成员参与小组作业的心态和投入程度。

我们从个人和团体两个维度分析了小组作业过程中出现"划水"现象的原因。就学生个体维度而言，当他们发现自己在某件事情上无法获得期望的回报时，他们投入其中的热情和意愿就会减退甚至消失。例如，学生自身能力不足，难以应对小组作业的挑战，因此感到焦虑，萌生退意；或者学生对作业内容不感兴趣，缺乏内在动力，从而不愿投入精力。就小组所形成的团体维度而言，社会学概念中的"群体懈怠"是导致"划水"的重要原因。所谓群体懈怠是指群体一起完成一项工作时，每个成员所付出的努力会少于单独完成工作时的现象。俗语有云：一个和尚打水喝，两个和尚挑水喝，三个和尚没水喝。因为人数增多了，责任分散了，大家反倒不愿意付出了。另外，小组组建时间一般较短且成员随机，会导致学生对临时组建的团队缺乏认同感，这也影响着小组成员工作的投入。

了解到了小组成员"划水"的原因后，那么作为组长，我们又该如何应对或避免这种现象呢？

第一，充分沟通，了解"划水"背后原因。

从小组内个人的角度而言，在真正的合作过程中，大多数同学都有基本的责任心和自尊心，完全"抱大腿"、甩手不干活的人终究占少数。当发现组员"划水"时，小组长首先要与小组成员进行充分沟通，了解其"划水"背后的原因，是个人主观原因，还是因为所承担的模块任务量太大，抑或是难度超出了他们的承受范围。如果是个人主观原因想要"划水"，可以告知其小组任务的重要意义或者委婉劝其更换小组；如果是任务分配问题，可以结合组员实际诉求重新分配任务。总而言之，只有找到问题的根源才能更好地对症下药。

第二，合理分工，做到人尽其才。

从小组形成的团体而言，小组长在团队中扮演着重要的角色，是小组作业走向的主心骨。在进行团队任务分配时，全组成员可以进行充分的讨论，结合每个人的能力特点和个人意愿，让每个人做自己擅长的事情、想做的事情以及能够凸显价值的事情。例如，针对能力较强的组员，可以分配一些具有创造性、挑战性的任务模块；对于试图"划水"、逃避困难的组员，可以不给他们分配核心任务，让他们着重做一些资料整理、PPT制作、文稿汇总等任务。在分工时，还要注意每个人的工作量均等，不要将所有困难的工作都集中在能力较强的人身上，而是应该努力让每位组员在自己的岗位上都有所贡献。

第三，寻求外力支持，杜绝划水现象。

如果以上方法仍然无法解决小组内的"划水"现象，那么你可以寻求任课老师的帮助，向老师说明小组情况，让老师对那些划水的同学进行教育引导。很多时候可能同龄人之间的管理存在困难，但是让老师来教育就会比较有效果。若教育无果的话就只能更换组员了，不要碍于面子而不好意思开口，但协调过程中也要注意态度和语言，不要正面冲突去赶走"划水"的组员，可以在任课老师的协调下委婉劝说。

高 瑾

线上"社牛"，线下"社恐"，
我要如何快速融入"大学社区"？

我是一名大一新生，入学前在网上认识了不少同学。但是开学后面对真实的社交场景，我反而感到很害羞和尴尬，不知道如何融入大集体，结交新朋友。我总是害怕自己的话题不够有趣，也不知道如何主动与别人交流，只能默默地待在角落里。老师，您能不能给我一些建议，如何在现实社交场合中快速结交朋友，融入大集体呢？

线上"社牛"、线下"社恐"，如今社会越来越多的Z时代青年呈现出这种双面社交状态。《中国青年报》的相关调研数据显示，85％以上的受访大学生表示自己有"社恐"。他们在网络上狂欢、在现实中孤寡，在线下与人沟通交流的时候往往会出现紧张、局促、不安甚至抗拒的心理，社交意愿减弱、社交能力退化，而在网络世界中则无所畏惧、如鱼得水。

在给出建议之前，让我们一起深入分析一下为什么这种现象日益普遍化。随着互联网的蓬勃兴起和信息技术的发展，当今社会网络化生存状态越来越明显，也已然改变了原本人与人之间的交往模式。当代青年特别是高校学生的日常学习、生活、社交都依赖于网络进行，这种网络化生存状态使得社交方式拥有了一道"防护罩"。这种"防护罩"给了青年一个崭新的、更有安全感的社交空间，越来越多的"社恐"大学生通过互联网找到了自己的存在感，缓解了原本现实中可能存在的社交焦虑。有些青年并非完全恐惧社交，而是更倾向于无接触的交流方式，不用面对他人的眼光，不用担心言行的不妥，说话可以更放松，也有时间缓冲应对。

这样"扬长避短"的社交方式更容易满足社交期待，但是它只能作为现实线下社交的补充与延伸，不能完全取代原有的社交模式。

那对于这种线上"口若悬河"，线下"沉默是金"的情况，我们如何主动去改变，尽快在现实场合中快速结交，融入集体呢？

第一，转变认知，接纳自己。

正视自己目前在线下社交过程中存在的一些情绪和状态，不必丧失信心或产生焦虑。告诉自己，这种状态是正常的，是可以改变的，不必太过在意他人的眼光。大学是人生新的起点，不管我们在进入大学前有多么不同的经历与人生阅历，都要带着"清零"的心态重新认识自我，找准自身的优势。转变对自己状态的认知，也要转变对社交的认知，不要刻意强求某个社交结果，而是将每一次交流视为与他人分享生活和看法的过程，这个过程不存在对错，也不必做到人人满意。

第二，敢于表达，主动出击。

从被动完成型社交转变为主动出击型社交，敢于迈出最难的第一步，哪怕从最简单的对话开始。穿上自己最舒适的衣服，从日常的身边环境着手尝试，可以和室友一起去食堂吃个饭，去逛个超市，或者在宿舍里讨论某个热点话题。敢于说出自己的看法，如果感到紧张或思维混乱，可以放慢语速，或稍作停顿后再继续表达。

第三，保持真诚，学会包容。

能够在现实社交场合游刃有余的人可能会在短时间内吸引很多人的注意，但从长远来看，真诚待人才是维持人际关系的重要基石。以诚相待、以心相交，方能建立信任感。进入大学后，身边的同学来自五湖四海，难免会存在学习、生活习惯、性格等各方面的差异，相互尊重、彼此包容，才能营造和谐、轻松的社交氛围。

如果你尝试了以上的方法，依然没有结交到朋友，那也不用担心着急，坚持下去，时间会为你带来改变。朋友不在多而在于精，你也不用盲目追求扩大社交圈子，要记住"利益朋友万千，不如知己一人"。

郁琦琛

大学生是否有必要积极拓展"人脉"?

我注意到身边有些同学很注重和各种人建立联系,而另一些同学却认为这种行为太功利了,不值得效仿。我有些困惑,不知道该如何看待"人脉"这个问题。一方面,我也意识到大学期间与人建立关系的重要性。毕竟,社会是由人组成的,有了足够的人脉关系,我才能在学习生活、个人发展等方面有更多的机会和资源。另一方面,我又担心把人脉关系看作工具会让自己迷失方向,只为了自己的利益而建立关系。我想请教您,人脉究竟是浮躁的"利器"还是发展必备的"钥匙"呢?

你的问题非常有意义,相信你已经有了一些细致的观察和深入的思考,才困惑于这个问题。一个人不可能没有任何朋友,我们在大学期间结交朋友很有必要,以此拓展"人脉"。

俗话说"众人拾柴火焰高""多个朋友多条路",前辈们的生活经验不无道理。朋友可以给你带来更多的机会和资源，同时也拓宽了你的视野。在大学期间，你将经历许许多多的小组作业和项目，这些内容需要合作来共同完成，每个人都需要朋友的支持，这些经历也将帮助你在未来更好地适应愈加精细化的社会分工。结交朋友应该是一件自然而然的事情，而不是一种刻意的行为，更不应成为思想上沉重的负担。

米哈游公司你应该听说过吧？这是一家国内著名的游戏公司，制作了多款风靡全球、广受年轻人喜爱和追捧的游戏。而这家公司的初创还要从三个技术"宅男"说起。其创始人之一蔡浩宇在研究生即将毕业时，拉上了有相同爱好和技术背景的两位室友，共同成立了米哈游工作室，并喊出了"技术宅改变世界"的响亮口号。初创时工作室艰难求生，技术宅男们穿着不太合身的西装，在跟各路投资人的稚嫩路演寻求融资中屡屡碰壁，但也在坚持不懈中找到了一位伯乐，进而在努力中不断走向成功。这三位技术宅男并不是那种喜好左右逢源、四处拉拢人脉的人，他们相聚合作和创业成功的故事对你的问题或许有一定的启示。

首先，自身强大是基础。

三位创始人自身都有强大的技术能力加持，相同的爱好和目标让他们互相吸引，进而形成了合作关系。如果没有真正的实力和作品支撑，即使再巧舌如簧，也无法得到投资人的青睐。正是他们优秀的作品让投资人看到了项目的价值所在，才促使投资人在初创阶段果断地给予资金支持。我们应该将更多的时间和精力放在个人提升上，而不是迷失在各种苦心钻研之中。"你若芬芳，蝴蝶自来；你若精彩，天自安排"，优秀强大的你自然会吸引到更多优秀的人主动与你成为朋友。

其次，有所选择是原则。

初创的米哈游坚持自己的创作风格和游戏理念，没有盲目追求热点和快速盈利。他们拒绝了一些投资人的提议和要求，坚持做自己想做的事情，最终迎来了市场的认可和爆发。我们在结交朋友的时候，一定要进行甄别和选择。朋友不在于数量，而在于质量。每个人都有不同的特点，每个值得深交的朋友一定与你具有某一相同的特质或价值观，但也不必苛责他处处与你保持一致。你可以和一个沉稳安静的朋友探讨文学和电影，与另一个活泼外向的朋友享受美食和娱乐。一个真正能够与你并肩前行的挚友胜过十个逢场作戏的酒肉朋友，真正的友谊不仅在成功时支持你，更会在困难时陪伴着你。你一定有自己的交友原则，应该遵循内心的真实声音，不做违心的虚假逢迎。

最后，学会维系是关键。

生意场上的合作伙伴在工作之余，还会通过宴请招待等形式加强联系，寻求进一步的合作深化。对于处在大学的我们来说，朋友来之不易，真正的友谊更需要我们用心去维系，不要让珍贵的友谊因时间推移而中断。一方面，可通过频繁的接触和交流，加深对彼此的认识和了解；另一方面，在朋友需要提供帮助和支持时，成为他们可依靠和信任的人。

也许你会发现，当你能够以一颗平和的心看待"人脉"这个概念时，当你能够无功利心地与陌生人建立联系和交往时，当你戴上一副不带有功利主义色彩的眼镜审视你周围的每一个人时，每一个新朋友都有其闪光之处，都有值得你学习借鉴的地方。丢掉思想包袱，成为强大的自己，去选择你喜欢的朋友吧！

李 熠

课堂教学节奏太快，
该如何与老师沟通？

最近我选修了一门专业课，发现任课老师的教学方式更适合那些有一定基础的同学。比如他对于知识点的讲解不是很透彻，但又很喜欢让同学们针对某个难点在课堂上发言，课后作业的难度也比较高。我和身边的一些同学都不太适应，跟不上老师的教学节奏，心里也越发焦虑。作为班长，我该如何代表同学们与任课老师进行沟通呢？

与人沟通，是每个人成长路上的必修课。在人生路上的不同阶段，我们都会遇到与人沟通的苦恼。对大学生来说，学习是主责主业，是一项充满挑战和收获的旅程，而教师在其中扮演着重要的角色。但在学习过程中，我们有时会遇到教学方式不适应、课程难度高等问题，这时需要我们积极与任课老师进行沟通，共同寻求解决方案，以获得更好的学习体验。如何与任课老师进行有效沟通，成为我们求学过程中需要培养的一项重要技能。

第一，明确学生与老师的定位。

在谈沟通技巧之前，首先，我们需要明确老师和学生之间的角色定位。许多同学从小受"尊师重道"的影响，对大学教师保持着一种尊重和敬畏之心。这样的心态没有问题，但有时也会使同学们进入一种误区：大学老师说的都是对的，如果自己学不会，那一定是自己不够努力或者能力不足。基于此，不敢向老师大胆说出自己的困难。但实际上，同学们在对老师保持尊重的同时，也要学会以朋友的心态与老师相处。而老师则要帮助每一位学生理解自己所传授的内容和经验，获取知识。传道授业解惑是一个双向的过程，每位老师都有自己的教学方式，在不了解学生的需求之前，老师往往会按照自己的理解开展教学。但在收到学生的反馈之后，无论是正反馈还是负反馈，老师们都会乐于调整自己的教学方法。所以，同学们要学会说出自己的困难。在知识面前，师生都是平等的，以朋友的心态与老师相处能够营造更积极的学习氛围。

第二，发挥班长的带头人作用。

班长在班级中扮演着领导和协调的重要角色，需要发挥作用来促进同学们的学习和团结。与任课老师进行沟通是一项充满挑战但又十分重要的任务，许多同学在与老师沟通时会有恐惧和担忧的情绪，担心自己的诉求不被采纳，反而被老师认为自己的学习水平不够。作为班长，具有双重身份，不仅是个人，更是同学们的"传声筒"，需要充分发挥自己的影响力，了解同学们的诉求和意见，掌握他们对课程教学的看法，关注每个同学的个体差异，主动站出来向任课老师反馈和沟通，努力改善教学环境并提高学习效果。通过尊重、理解、积极表达和合作，班长可以与任课老师建立起积极良好的教学环境，为整个班级创造更好的学习体验。

第三，掌握与老师沟通的技巧。

在与任课老师进行沟通时，一些适当的技巧和方法往往有助于向老师充分表达同学们的需求。

要明确沟通的形式。很多时候同学们会倾向于通过邮件向老师反馈想法，但邮件有时无法起到实时交流的作用。如果老师工作比较忙，很容易忽略了这封邮件，从而影响沟通的时效性。建议选择一个合适的时间与老师当面进行沟通，确保老师没有其他教学或会议安排，以便专心地与你进行交流。这样可以有效地避免打扰，使交流更加顺畅。同时，明确表达问题也是沟通的关键。在与老师交流时，明确地表达同学们所遇到的问题，不仅包括教学难度，还可以包括课堂发言的困扰等方面。清晰的表达，可以帮助老师更好地理解你们的情况，从而更有针对性地解决问题。为了让老师更好地理解问题，你可以提供具体的例子和案例，描述你们在哪些方面遇到了困难，以及在何种情况下感到焦虑和压力。通过具体的案例，老师能够更加深入地了解问题的本质，从而更好地找到解决办法。

当然，在沟通过程中，你可以转达同学们的期待，说明同学们对这门课程有着浓厚的兴趣，希望能够在学习过程中获得更充分的知识讲解和支持，以更好地应对课程难题。这种期待可以激发老师的重视，促使他们更加关注学生的需求，做出相应的调整。此外，提出建议也是沟通的一部分。你可以根据你和同学们的情况，提出可能的改进建议，如增加辅导课、提供更详细的讲义、调整课程节奏等。这种积极的建议可以帮助老师更好地规划教学，提高教学质量。

沟通时，要遵循三个原则。首先，最重要的是尊重和理解。在交流过程中，要始终保持尊重和礼貌，避免使用过于激烈或批评性的语言。理解老师的立场和角度有助于建立良好的沟通氛围。其次，要保持开放的心态。即使可能与你和同学们的期望不完全一致，也要接受老师的观点和建议。毕竟，老师是有丰富教学经验的专业人士，他们的意见可能会带给你新的思考和启发。最后，要及时反馈。在交流结束后，应当及时将交流内容和结果反馈给同学们，保持沟通的连续性，让大家都能够了解进展和成果。

汤翔鹰

科研遇到瓶颈，
该如何向导师求救？

我已经全身心投入科研学习，可实验依然毫无进展，在科研任务的推进过程中遇到了瓶颈和困境，与导师的期望值相差较大。想要咨询导师寻求指导，又担心自己提的问题很幼稚，不敢主动向导师汇报。请问我应该怎样向导师求助呢？

在研究生阶段，同学们在开展科研学习的过程中或多或少都会遇到一些瓶颈或是困难，这是再正常不过的事情。如果科学研究都是坦途的话，那很可能说明你所研究的方向和内容早已被他人踏平了道路、扫清了障碍，不再具有前瞻性和创新性，也就失去了科学研究的价值。所以，当你面对科研瓶颈时，请先不要慌张，这是验证你所研究内容价值的必经之路，并且相信自己一定能够克服万难。接下来，我们所要做的事情就变得简单而明了，就是如何克服困难、打破瓶颈。

遇到问题，除了埋头苦干外，寻求帮助是一种高效的解决问题方式。导师作为研究生在读期间的第一责任人，肩负着教书育人的使命。诚然，同学们可能会因为导师的身份而存有敬畏心，不敢主动与导师进行沟通，这也是正常的现象。但反过来想，导师除了可能会对你的不足进行批评和指正外，更多的是能够给予你有效的支持和诚恳的建议，帮助你克服科研的困难。在研究生求学阶段，如何和导师建立起沟通的桥梁，并且高效地向导师求助，已经成为研究生的"必修课"。我建议同学们可以从以下三个方面做一些尝试和努力。

第一，尊重和理解是沟通的前提。

沟通时最重要的是尊重和理解，这不仅是建立沟通桥梁的前提，也关系到和谐导学关系的发展。面对师长，同学们在沟通和交流时首先要以谦虚的态度向其提问，并耐心聆听导师的教诲，始终保持尊重和礼貌，建立起良好的沟通氛围。其次，在沟通的过程中，由于导师的指导风格和个性各有不同，有时候沟通并不能达到你的预期或是解决你的困惑。作为学生，你要能够站在导师的角度尝试理解，尝试接受导师的观点和建议，并动态调整自己的期望。若确实存在某些原因导致沟通和交流无法推进，你也可以及时地向思政老师或辅导员寻求帮助，通过第三方协助沟通和交流。总之，绝不能因此耽搁自己的科研进度，让自己陷入内耗。

第二，勤学和善思是推进的基础。

在与导师沟通前，同学们还应该找准自己的定位，将与导师的沟通视为实现自我目标的途径和方法，从而真正地激发自己的主观能动性。这不仅需要你在学习和科研过程中多了解各方面的知识，弥补自己的短板和不足，还需要在沟通时提前思考并确定此次沟通中希望获得的答案，例如，可以通过书面形式明确自己想要和导师讨论的主题，详细阐述需要征求导师建议的部分，同时简单整理并归纳本次讨论的背景及目前的工作进度，并提前准备好相关的数据库等资料。在科研过程中不断地学习和思考，不仅能够让你有的放矢地与导师进行高效沟通并寻求指导和建议，同时自身也会因为充实的准备而更有自信，从而减轻自己的压力和畏惧心理。

第三，主动和尝试是成功的关键。

在科研学习的过程中，同学们应该主动汲取知识，积极思考和探索，努力提高自己的科研水平，不断增强自身创新和实践能力。同样的，在与导师沟通的过程中，你也要主动"出击"。大部分导师身兼数职，除指导学生之外，还需要承担行政职务、完成课题和项目申报等工作。所以你更应该主动创造机会和把握机会，摒弃"非必要不联系"的错误认识。即使作为"社恐"，你也要相信只有主动才能碰撞出"火花"。与此同时，同学们还要多多尝试。跟导师的沟通不是一蹴而就的事情，问题的解决也不会立竿见影，一次的沟通和交流并不能解决所有问题。因此，同学们在积极主动的同时要多多尝试，不仅是多尝试导师给出的建议，也多尝试和导师在问题的不同层面发生"碰撞"，从而创造出更多的可能性。

最后，希望同学们能够意识到，做科研很多时候是在失败中不断摸索，需要在大量失败的结果或假设中厘清科学的真谛，并进一步激发继续求索的动力。始终保持乐观，虽然会遇到瓶颈或绊脚石，但在导师的帮助下，在自己的刻苦努力下，可以一点一点地把它打破或是搬开。

施金宏

对导师的科研项目不感兴趣，我可以说"不"吗？

我最近在导师的指导下，依托科研项目的研究内容发表了一篇学术论文，导师希望我继续对这个项目作深入研究，但我本人兴趣不大，与我未来期望从事的工作内容也不契合，我个人特别希望对自己感兴趣的科研内容进行探索，如何与导师沟通呢？

我们在实际工作中经常会遇到这样的情况：学生天赋很高，完成导师布置的科研任务游刃有余，导师对其作业成果赞赏有加，继而非常希望他就课题的方向深入研究；但是学生本人志不在此，但又碍于导师面子，没法直接提出而产生苦恼。

那么，聪明的同学，在你鼓起勇气与导师沟通之前，请你由远及近问自己几个问题：

第一，我自己未来到底想从事什么工作？

你是不是发现自己对未来想从事工作的描述并不清晰，只是模糊地觉得现在导师分配给你的研究方向并不感兴趣，你未来也不想从事这样的工作。但其实未来的工作与目前的研究能力的锻炼并不是线性的"匹配"或"不匹配"的关系，而是非常发散的，有着许多可能性。因此，正确回答这个问题，继而对未来有个清晰的规划，比是否要说"不"更重要。

第二，以上这份工作对个人知识储备和技能要求是什么？

你可以进一步探索"未来期望从事的工作对从业者的要求是什么"这个问题。研究生毕业所从事的工作内容多少会和在读期间的研究内容有一定的相关性，研究生期间的研究锻炼是为将来工作做知识储备和技能训练的。如果你已经明确未来想从事的工作的要求，那就会努力驱动自己在研究生期间锻炼自己去满足这些要求。

第三，毕业论文需要怎么开展？

孕育毕业论文不完全是兴趣使然，也不是一朝一夕的事，是贯穿我们整个研究生生涯的重要学术要求。毕业设计的方向需要和导师讨论确定，在此过程中，需要与导师沟通，获得其指导，因此，你有必要就研究内容的开展与导师建立紧密的联系，确保将毕业论文与导师的课题研究内容结合起来，这是最简单且直接有效的从事毕业设计的方式。能将毕业设计内容与未来的研究工作融合，相辅相成，不断深化，是最完美、最精彩的研究状态。

第四，若往自己的兴趣方向发展，机会成本是什么？能承担吗？

自己的兴趣、特长、未来的工作以及论文的研究内容，这些关键因素都具体详细地摆到了面前，如果对以上有清晰的认识，决定与导师提出更换研究兴趣的需求，那就和导师有礼有节地提出，我相信导师会尊重你的想法。同时，你需要做好准备，因为可能会遇到导师无法指导你的情况，例如你个人感兴趣的研究方向与导师的研究方向不匹配。在这种情况下，你可能需要另寻导师。

与你分享一个真实的案例吧。学生小 A 在研究生入学面试时，与导师有过沟通，表示愿意协助导师做好当前的课题项目，并将该项目的一个子方向作为自己的毕业论文。然而，一年后，小 A 觉得该课题方向与自己的兴趣不相匹配，他希望向导师提出更换研究方向，但细心的他也了解现在的项目十分需要他的支持，依然坚持推进项目工作。左右为难了近三个月后，小 A 才与辅导员提到这个顾虑，辅导员引导他思考了以上四个问题。小 A 深思熟虑后，仍然想坚持兴趣导向，并勇敢地向导师表达了自己的想法，同时表示会继续跟进现有项目。导师虽有所不舍，但考虑到学生本人已思考成熟，并与学生充分沟通后，支持小 A 去开展自己兴趣方向的研究。小 A 因中途更换研究方向，付出了很多努力以跟上学业和科研的节奏，同时也一直在兼顾原来项目的进展。虽然中间过程很辛苦，但这是自己兴趣使然和主动选择的结果。他积极与导师保持沟通，而导师也给予了很多指导。最终，小 A 坚持完成了项目和毕业论文，并顺利达到了毕业要求。

最后还是要多说一句：你要相信，在求学的路上，你会遇到许多学识渊博又能识得"骏马"的老师。在你不知道自己是匹千里马的时候，他已经认定你在所研究的领域内会有所建树。所以，与其让他扼腕叹息，不如跟着他的指引去挖掘自己的无穷潜力！

钱　华

校园恋爱是必修课还是选修课？

刚进入大二，感觉身边的好多同学都已经成双成对了，四人寝室，两个人已经脱单。我的内心说不出的感受，孤独？渴望？纠结？一方面，目前还没有遇到心仪的异性，没有心动感，暂时先把精力放在学业上；另一方面，却也禁不住蠢蠢欲动，渴望邂逅一段美丽的爱情，给大学生活留下一段浪漫的回忆。万一一直遇不到心动的她，是留着遗憾，还是将就着谈上一段？

当我们步入大学，意味着我们步入了埃里克森人格发展八阶段理论中的第六个阶段：成年早期阶段（18～30岁），也被称为"亲密关系与孤独"阶段。在这个阶段，我们渴望与他人建立深入、亲密的伴侣关系。恋爱提供了一个机会，让我们与他人建立亲密的情感连接，分享生活、经历和情感。寻找适合自己的亲密关系需要时间和努力。我们在这个过程中可能会经历伴侣选择困难、恋爱失败等挫折，这些经历可能导致我们感到失望和孤独。所以，当我们看到身边的同学脱单时，可能会产生一些诸如渴望、孤独等情感，要理解自己这些感受是很正常的。

同时，我们也应意识到，寻求亲密关系是一个甚至多个阶段的过程，它不能仅仅被局限在校园时期。因此，恋爱是一门必修课，而校园恋爱只是我们人生中的一门选修课。

根据马斯洛的需要层次理论，恋爱的重要性可以从以下几个层次来解释。

生理需求层次：马斯洛认为，最基本且迫切的需求是生理需求，如食物、水和性等。恋爱关系也与满足这些需求相关。

安全需求层次：当生理需求得到满足后，个体开始追求安全和稳定的环境。恋爱可以提供安全感和亲密关系，使个体感到被接纳、保护和支持。恋爱关系中的伴侣可以成为个体面对外界压力和困难时的心理支持和庇护所。

社交需求层次：在满足生理和安全需求后，个体开始关注社交需求，即与他人建立联系和社交互动。恋爱提供了一个平台，使个体能够与伴侣分享生活、经历和情感，建立深入的亲密关系，从而满足社交需求，并获得归属感和被尊重的感觉。

尊重需求层次：当社交需求得到满足时，个体开始关注尊重需求，其中包括自尊和他人对其的尊重。恋爱关系提供了一种情境，使个体在其中可以感受到被接纳、赞美和珍视的感觉。在恋爱关系中伴侣之间的互动和支持有助于满足个体对尊重和认可的需求。

自我实现需求层次：在满足尊重需求后，个体开始追求自我实现。被爱的感觉能够提高一个人的自我价值感和自尊心，从而激发个体更积极的行动和进取心。同时，恋爱也能够带来个人成长和自我实现的机会，因为它促使个体更深入地了解自己的情感需求和内在驱动力。

总之，恋爱的重要性体现在满足多个层次的需求上。它能够满足生理需求、安全需求、社交需求、尊重需求和自我实现需求，在个体的心理成长和满足感方面起着积极的作用。

既然如此，我们要如何修读恋爱这门课呢？

其一，不将就于任何关系。需要先明确自己的价值观和期望，并保持对自己和未来伴侣的尊重。不要因为急于找到伴侣而妥协自己的价值观和需求。

其二，专注于自身的成长。你若盛开，清风自来。我们应通过努力学习、积极参与课外活动和培养兴趣爱好，不断提升自己的能力和魅力，这样做不仅可以丰富自己的生活，还能增加与他人接触的机会。

其三，打造丰富多样的社交圈。积极参与各种社交活动，结识更多的朋友。可以加入学生组织、参加社团活动、参与志愿者工作等，扩大自己的社交圈子。与他人的互动，不仅可以提升社交技巧，还可以增加结识潜在伴侣的机会。

其四，给自己充分的时间。不要急于投入恋爱关系，而是要观察、了解对方，并确保彼此的三观相契合。耐心等待合适的人出现，不要急于作出决定。

当然，想要上好这门课也不是一件容易的事情。恋爱在为个人带来快乐、满足和幸福感的同时，也伴随着一些挑战。不健康

777

7777777777777777777777777

的恋爱关系可能会对个人的学习、事业发展甚至心理健康等方面产生不良影响。因此，保持健康的恋爱关系尤为重要。

首先，建立起相互支持和尊重的关系是重中之重。这意味着双方应尊重彼此的个人空间和权利，互相支持和鼓励对方的成长和发展。

其次，建立良好的沟通能力和解决冲突的能力也是关键。双方应学会倾听和理解对方的需求和感受，并在遇到问题时积极寻求解决方案。

最后，保持平衡也是健康恋爱的重要因素。个人的学业、事业和兴趣爱好同样需要关注和发展，不要将所有的注意力都放在恋爱上。

总之，人生是没有标准答案的，最重要的是保持积极乐观的心态，相信适合你的爱情会在合适的时候出现。无论当下的你选择了独自发展还是开始一段恋情，请记得确保自己的决定是为了快乐和幸福。

周爱君

遇到一个"Crush"，
爱要怎么说出口？

我从来没有谈过恋爱，在一场社团活动中遇到一个男生，突然感觉小鹿乱撞，完全就是我的理想型。作为女生，很不好意思上前打招呼，回到宿舍满脑子都是他，我想这可能是一见钟情吧！我想办法找到了他的联系方式，我要怎么主动和他联系上？

随着年龄的不断增长，每一个个体的生理和心理都在不断成熟。一次不经意间的回眸，或一次偶然的遇见，足以令人怦然心动。在探讨如何与心仪的人建立联系之前，让我们先来了解一下究竟什么是"Crush"。

"crush"是英文中用来形容对某人产生强烈迷恋或喜欢的感觉的词语。当一个人对另一个人产生了深深的吸引力或情感连接，但尚未进行明确表达或建立正式关系时，通常会用"crush"来形容这种感觉。这里说的"Crush"正是让我们产生这种感觉的人。刘瑜曾在《送你一颗子弹》中形容，爱情是一场肺结核，"Crush"则是一场感冒。肺结核让人元气大伤，死里逃生，而感冒则只是让你咳点嗽、打点喷嚏，但是它时不时就发作一次。而这份悸动，就如一茗红茶般香甜美好，如何进一步发展，也如制作一杯好的红茶一样，需要经历"萎凋—揉捻—发酵—干燥"四道工序。

第一，萎凋。

萎凋是指在一定的温度和湿度条件下，将鲜叶均匀摊放，促进鲜叶酶的活性，使内含物质发生适度的物理和化学变化，同时散发部分水分，使茎和叶萎蔫，呈现暗绿色，青草气散失。这一过程可以类比到我们面对"Crush"的初始阶段。当我们的眼睛捕捉到的对方的一切外在信息时，神经信号会以超高的速度由视神经传递给大脑，此刻，神奇的爱情物质——多巴胺大量分泌，形成"上头"的感觉。而"Crush"的萌发如同刚摘下的茶树鲜叶，充满生机但十分青涩。这时候个体本身往往是盲目的，判断力也受到非常大的影响。此刻需要做的，是将这份心动的芽叶先摊放一下，在感受这份美好的同时，认真思考自己对Crush的感受，判断对方吸引自己的特质与品质究竟是什么。

第二，揉捻。

揉捻是红茶加工的第二道工序。在这一过程中，叶细胞遭到破坏，叶卷成条，叶汁溢出并凝于叶表，增加了茶叶的浓香，为发酵创造条件。心理学家们发现的"外貌吸引力刻板印象"，论证了人与人之间最直接的吸引力大多来源于外在。为了更好地降低"外在"对心动判断的过多影响，在这一阶段，可以考虑通过适度的方式，如礼貌交流等，逐渐寻找与"Crush"的共同背景、兴趣爱好等，用这些共同之处来拉近彼此的距离，让承载内在的"汁水"逐步溢出，为进一步深入了解奠定良好的基础。

第三，发酵。

发酵是形成红茶色、香、味品质特色的关键性工序。良好的发酵才能形成更多的滋味和香气物质。对于自己与"Crush"的相处，这一阶段也非常关键，是基于上一阶段接触后的更深层次的了解。在充分尊重对方感受的前提下，可以进一步探讨深层次的话题，比如如何提升自我价值，也可以通过大方展现自己的一些成长趣事，侧面描绘自身的价值观念、行为方式等，如培养兴趣爱好的有趣经历，以及如何健康生活等。让两个人通过更多的接触与了解，产生更多的化学反应，形成属于彼此独特的"香气"。

第四，干燥。

干燥是红茶制作的最后一道工序，通过高温来达到钝化酶的活性，使发酵停止，同时蒸发水分，固定茶形，防止霉变。经过前期的一系列接触与相处，美好情感的"酶"在不断发挥活性作用。处在了解的后期阶段，要注意更加深层次的交流，特别是着重关注自己与对方的一些价值观念、处事方法是否相符合或者可以接受。考虑自己与对方一系列相处中是否感到舒适与轻松，再次确定自己对于对方的感受，是否经历过"上头"后依然能冷静思考并确认自己是否依然对对方有着喜欢的感受。

最后，也许你会说听完这些建议后仍然不知道如何迈出第一步。没关系，没有任何一种方式能够保证我们喜欢的对象一定会对我们产生同样的感情，这种不确定性不仅存在于爱情中，甚至在友情中也是如此。但每段关系的开始都是一段未知的旅程。在旅程开始之前，我们都不知道旅程的终点在哪里，需要探索多少时间，以及最终又有什么样的风景等待我们。但不必因此害怕，在充分尊重对方的基础上，展现真实的自己。每一次接触都不仅是对对方的了解，也是对自身的不断探索、接纳与提升。勇敢地表达对"Crush"的喜欢，迈出第一步也是一种成长。在与他人的不断接触中，我们会更加了解自己想要的，并学会尊重他人与自己的感受。所以，整理好行囊，去享受这段旅程吧。

李莉伟

猝不及防被分手，
我要怎么走出来？

我刚升入大三，和女朋友中学就恋爱了，同学们都说我们"郎才女貌"。我一直认为，我们是"稳稳的幸福"爱情。假期里，猝不及防地接到了女朋友的分手短信，开学后我极力挽回，想知道缘由，最后还是徒劳。没有一点点征兆，我就失恋了。发狂、伤心、不甘、消沉……感觉不会再爱了，我还能走出来吗？

学生时代的爱情是单纯和美好的，如你所说，自中学起你们就是同学们眼中的"郎才女貌"。因此，我相信过往的几年中，你们一定度过了非常幸福的时光，经历了很多美好的瞬间。我能够从你的倾诉中体会到你对对方的付出，也能够理解你对这份情感的珍视，所以我非常能够理解当你猝然得知这个结果时的伤心与不甘。

事实上，当下自由开放的校园环境为大学生谈恋爱提供了宽松的氛围，在校大学生恋爱的现象已然十分普遍。然而，大部分学生虽然生理上已发育成熟，但心理发育还处在不成熟与成熟之间。因此，在恋爱过程中或多或少会出现一些问题。当今大学生多为独生子女，从小在父母长辈的保护下成长，相对于非独生子女，他们可能更容易以自我为中心，缺乏良好的换位思考习惯，一旦在恋爱的过程中发生矛盾或争执时，他们无法理解和谦让对方，从而导致争吵和分手的情况。此外，一些大学生缺乏抗挫折能力，难以有效应对失恋带来的心理伤害，难以从失恋的悲伤情绪中走出来，从此一蹶不振，严重影响学习和生活。从心理学的角度来看，失恋是每个人都可能会经历的一种情感经历，冲击感阶段和烦躁不安的痛苦阶段是两个必须要面对和经历的过程。所以当你在分手之后感到伤心、不甘和消沉都是正常的反应。有恋爱就可能会有失恋，我们要认识到这是恋爱过程中正常且普遍的现象。学会正确地应对失恋，正确地认识情感，以及正确地面对挫折也是大学生的一门"必修课"。

当我们能够以平常心来面对失恋这个问题，我们再来探讨如何从这种消沉的状态中走出来，合理有效地应对失恋。我的建议是"顺其自然，为所当为"。"顺其自然"意味着要理解感情发展的规律变化，接受一切可能发生的不良情绪，包括接受自己和对方可能产生的各种想法与念头，以及接受已然发生的事情；"为所当为"则是指直面现实，乐观地接受对方不再想和我一起走下去的现实，同时选择最有效，最适合自己的方式来排解情绪，将心理和情感的代价降到最低。

你可以通过宣泄、倾诉、转移注意力、参与体育锻炼等方式来积极地应对失恋。因为人在运动时会分泌大量的多巴胺、内啡肽等物质，有助于缓解焦虑和痛苦。和朋友一起在周末花上一天的时间漫步城市，在夜晚相约去看一场电影；去到另一座城市体验当地的人文自然风光，感受祖国的大好河山，放空自己；和家人通上几通电话，分享最近的生活；去操场上肆意的奔跑，去球场上尽情挥洒汗水，方法有很多，关键是要能够排解情绪的杂质。

当你能够逐渐控制住自己的情绪，你就会发现其实生活中依然还有很多值得期待的美好。爱情固然重要，但一段恋情的结束并不代表失败，每个人都有爱与被爱的权利，也有不爱和不被爱的选择。我相信你的女朋友做出分手的决定也是经过深思熟虑的。我们应该尊重她不爱的选择，不要让自己永远沉浸在发狂、伤心、不甘和消沉的情绪之中。要先学会好好爱自己，继而勇敢地去爱别人。此外，爱情也只是生命中诸多情感之一，它不应该是你生活的全部。我们既不会因为拥有爱情而突然变得"完美"，也不会因为没有爱情而变得"不完美"。你的生命当中还有爱你的亲人，在意你的朋友，你还有很多自己喜欢的兴趣爱好，这些都是人生中同样重要的情感和有意义的生命体验，也都是"爱"的一部分。

最后，我很高兴在这样的时刻你能想到老师，也愿意和老师倾诉，倾诉是走出"失恋"非常有效的方式之一，随时欢迎你来找我聊天。相信你一定可以在"时间"的帮助下慢慢缓解"感觉不会再爱"的情绪，也可以走出分手所带来的负面影响，永远怀揣爱。

黄雯娟

大学情侣如何面对"性"？

我和男朋友交往一年多了，我们常牵手在校园林荫道上，依偎在湖边的长椅上，肩靠肩在图书馆自习……一切都是我喜欢的校园爱情的模样。渐渐地，他不满足于此，三番五次地暗示希望关系再进一大步。最近还约我一起去外地旅行，就我们两人，我以复习考试为由拒绝后，我们的关系一下疏远了很多。我很伤心，却也困惑，校园恋爱，要不要发生性行为？

很高兴你坦诚地提出关于"性"的问题。我的回答，核心是"直面"。

直面的第一层，是直面"性"。

性，本就是贯穿于人类社会发展始终的、客观存在的本能。不论我们是否避讳或顾忌，性一直以来都是"人"这个个体和"人类"这个群体的重要组成部分。它绝不仅仅是生理现象或社会现象，更是整个人类社会的重要构成。大学阶段正处于人生历程中最为青春勃发、最具有生命力的时期，也是性心理活动最为活跃、动荡和最具挑战的时期。有些同学已经对异性产生了垂青与爱慕，希望接近异性、了解异性的愿望日益强烈，也乐于在异性面前展示自己的魅力，有些已经获得了一定的情感体验和经历。但与此同时，还有些同学的性心理发展较为缓慢。在现实中，每个人的性心理成熟度不同是很正常的现象。于是就有了你的困惑，为什么自己所期待、向往和享受的甜蜜校园恋爱却被"性"这个或许带有羞涩的话题所影响。你们双方所处的性心理发展阶段不同，对待性的态度自然也就不同，这是非常合理的。正视"性"这个话题，其实也是性心理走向成熟的重要一步。

直面的第二层，是直面"他"。

理解了双方的差异，接下来就要思考情侣双方的共同点。对爱情的憧憬、对情感的需求、对彼此的欣赏，让你们走到了一起。你已经和他建立了亲密关系——男女朋友，情侣关系。这样的亲密关系可以满足你们许多的心理需求，包括归属感、安全感、满足感、自我价值实现等。但个体的差异同样会带来许多矛盾，除了你说到的性，可能还会有人生规划、家庭期待等。比起性的需求，你更要直面你所选择的这个人。你和他一样，有各种需求，这些需求在不同方面，都是客观存在的。当需求得不到满足，情绪困扰也就由此而生。很欣慰你能把这个问题拿来问老师。那么你是否曾经和你的男朋友讨论过这个问题呢？两个人之间的差异无时无刻不在，因此你们更应该将双方交往中的问题拿出来交流，听听彼此的看法。他与你疏远，你也很伤心。但如果

217

你告诉他你对性的态度和对爱情的理解，希望能够坚定地走下去，那么他是不是也会更加清晰地了解你的期待？如果交流之后发现他仅仅是为了满足自己的性需求，那么我相信你也会知道自己应该怎么做了。

直面的第三层，是直面未来。

爱情与性爱密切相关，但又不简单归结于性爱的情感活动。在性的话题上，我觉得更需要直面的是两个人的未来。有人认为，互补的性格更能够长期相处，但也有人认为性格差异会导致诸多矛盾，还是性格相似更合得来。有人认为，没有物质的爱情是一盘散沙，也有人觉得，只要有爱情就没有过不去的难关。每一种看待爱的观点不存在对错，但当爱情具体演绎到一个人、一个个体、你的对象身上时，它就变成了期待、向往，甚至是吹毛求疵。爱情的话题远不止性，还有情感中的相互慰藉和生活中的油盐酱醋。在两个人未来的道路上，将会面对由个体差异带来的无数摩擦、冲突、矛盾和挑战。学会处理与爱人的关系，处理交往和相处过程中面临的问题，是我们需要花很长时间去探索和培养的能力。所以，当你渴望与对方携手共度一生，双方为彼此许下坚定的承诺，持续亲密陪伴建立并维系家庭，在这不断磨合、调整、成长的过程中自然就会发现，爱情是需要我们以一生去应答的发展课题。

直面自己的课题和共同完成人吧！

杨 态

遇到双方父母强烈反对的感情，
我该坚持吗？

最近，我和女友相恋一年的事情遭到了双方父母的强烈反对，我感觉自己的世界就要坍塌了，非常痛苦。一方面是来自双方父母的压力让我感到窒息，另一方面我又实在割舍不下和女友的这段感情，究竟是放弃还是坚持。请问老师，我该如何面对这段感情呢？

恋爱问题在大学里并不罕见，不知道是否继续会让人感到非常难过，这意味着你可能会失去一个你深爱的人，她是你相恋一年的女友，也是你非常喜欢的人。可能失去的还有你和女友一起度过的美好时光以及曾经对未来抱有的憧憬和期望，这会让你感到非常失落和无助。此外，面对双方父母的强烈反对，你需要认真考虑自己的感情是否真实和珍贵，同时也要尊重双方父母的意见和关切。

第一，审视内心，分析情况。

你需要认真审视自己的内心并分析目前的情况。你说感觉世界就要坍塌了，非常痛苦，所以可能会觉得自己做错了什么，让双方父母如此坚决地反对，或者觉得自己没有尽力去维系这段感情，对吗？确实会的，这种自责和痛苦也会让人感到非常难过和焦虑。在这种情况下，你更需要给自己时间去面对和接受这种失落和痛苦。

如果经过深思熟虑后，你确信自己深爱对方且愿意与她相伴一生，那么你或许可以坚持自己的情感。一旦你做出了这个决定，你需要向双方父母和女友表达你的决心，并尽力让他们接受和理解。尽管最终是否能够说服他们是另外一回事，但至少你已经尝试过了。这是为你们的感情所作出的最勇敢的努力，同时这也可以减轻你内心的一些愧疚和失落。

第二，尊重父母，尝试沟通。

你需要在尊重父母的前提下认真考虑自己的决定。如果双方父母都强烈反对，一方面说明他们考虑到你们的情况认为你们不合适，作为过来人总归有他们的一些考虑，另一方面说明他们可能在思想上不算很开明，性格也比较强势，即使你们决定在一起，对于双方家里持续的这种压力，你有信心逐渐消除他们的偏见吗？这是一个需要你自己想清楚的问题。

父母通常会担心子女的未来和幸福，他们的反对可能是出于爱和关心。很多时候这种反对也是因为双方缺乏沟通所造成的误会。所以你也需要认真听取他们的意见，并尝试与他们沟通。其实有很多感情都会在发展过程中不同程度地遇到阻力，有些可能未能克服，但也有很多人成功度过并获得幸福。你选择是争取还是妥协，争取之后面对父母不同的反应再如何去行动，这都需要一步步去尝试，切记不要以道德绑架或者强迫的方式等去沟通，这样的做法哪怕暂时达到了目的，但极有可能会在未来的感情生活中预埋"地雷"。

第三，调整心态，走出阴霾。

恋爱危机确实会对人的身心带来巨大的影响，例如会导致压力和焦虑。这些情绪会引发身体的应激反应，如心率加速、呼吸急促和肌肉紧绷等；在恋爱时，身体会分泌多巴胺这类"快乐激素"，而在失恋时这些激素的分泌会减少，而皮质醇等压力激素的分泌则会增加；恋爱出现危机后，很多人会出现睡眠、饮食问题等。这些可能会导致身体疲劳、注意力不集中、营养不良或消化问题等。这些反应可能会对身体和心理健康造成负面影响。

因此，出现恋爱问题后应该尽快采取积极的措施，如寻求支持、调整心态、运动健身和保持健康的生活方式等。大量科学研究表明，体育运动能显著改善个人情绪，调整身心状态，有助于减轻恋爱问题对身体的影响。毕竟，身体才是革命的本钱，"留得青山在，不怕没柴烧"。父母也会看到你在处理感情问题的同时还保持着积极的生活态度，这可能会潜移默化地改变他们对你的一些看法。

总之，在面对双方父母的强烈反对时，你需要认真考虑自己的情感和未来。同时，也要尊重父母的意见和关切，并努力缓和关系。最终的决定取决于你自己，健康的生活和自我价值感是建立任何亲密关系的前提。不管你们的感情是否继续，都请记住，恋爱不是生活的全部。试着让自己变得更充实、更优秀，这样你或许也能更好地面对爱情的酸甜苦辣。

沈 磊

毕业去向难统一，面包 or 爱情，我该怎么选？

我和女朋友从本科时相识、相恋，交往快四年了，感情稳定，和双方父母也见过面。我们俩今年一起硕士毕业，原本计划朝着同一个城市求职。但今年就业形势比较严峻，目前我只有一个家乡公务员的就业去向，女朋友因为求职不顺利，申请出国读博并拿到了国外的 offer。难道我们也逃不过因为毕业去向不统一而"毕业分手"的魔咒？面包与爱情只能二选一吗？

面包和爱情的选择涉及情感、职业、人生规划等多个因素，这些因素交织在一起，形成了一个需要仔细考虑的问题。在面对人生关键选择时，出现焦虑和困惑都是正常的现象。

先来分析你们目前所面临的情感和情况。你和女朋友已经有着长达四年的感情基础，这是一个非常珍贵的关系。在这段时间里，你们共同经历了许多美好的时刻，建立了深厚的感情纽带。这种感情不应该被轻易地放弃，因为它代表着你们的成长、支持和理解。毕业后，你们或许会面临地理距离和职业选择的挑战，但这并不代表你们的感情会因此而脆弱。移动互联网使得远距离关系变得更加容易维持，你们可以通过电话、微信等方式保持联系，继续保持彼此间的亲近感。

心理学告诉我们，面对变化和不确定性时，人们往往会产生焦虑和不安。毕业后的职业选择是一个现实问题，就业市场的不确定性可能会加大你的情绪波动。然而，这种情感是正常的，我们可以通过积极的心态和适当的应对方式来应对。可以采取一些积极的心理调适方法，比如保持良好的生活习惯、寻求社会支持、进行适当的运动和放松等，以减轻压力和焦虑。

关于"面包与爱情"的选择，这并不是一个绝对的二选一问题。人们往往在事业和感情之间寻找平衡，并且这个平衡是可以实现的。你们可以探讨一些切实可行的方法来在这个时期内兼顾两者。例如，可以考虑远程工作的机会，或者互相支持对方在事业和学业上取得进步。你们可以制订一份详细的计划，来规划自己的职业和感情发展，以确保双方都能够实现个人目标。

最终的决定需要你们共同努力和深入的讨论。在作出决定之前，我建议你们一起认真地考虑以下几点：

其一，坦诚沟通。与女朋友坦诚地交流，分享彼此的想法、担忧和期望。只有透明的沟通才能让你们更好地理解彼此，并找到共同的解决方案。

其二，职业规划。详细地制订你们的职业规划，考虑哪些选择对双方的发展最有利。这可能需要做出一些妥协，但要确保决定是在双方共同考虑下做出的。

其三，长远目标。思考未来几年内你们的目标是什么，无论是事业方向还是感情发展。将这些目标与现实情况相结合，找到一个平衡点。

其四，适应能力。适应能力是你们在未来生活中的重要素质。无论选择什么，都可能会面临各种变化，因此你们需要相互支持，共同适应新的环境。

其五，专业支持。如果你们感到困惑和焦虑，也可以尝试寻求专业心理咨询的帮助。专业心理医生可以为你们提供更具体的建议和指导，帮助你们更好地应对压力和挑战。

总之，无论你们做出怎样的选择，都需要考虑到个人的价值观、长远目标和相互的支持。毕业分手的魔咒并非不可克服，你们可以共同努力，找到适合自己的道路。无论是面包还是爱情，都不是绝对的单一选择，它们可以相互兼顾。希望你们能够坚持自己的信念，共同迎接未来的挑战，创造属于你们的幸福故事。祝愿你们一切顺利！

谭 涛

和父母越来越没话说，
这种情况正常吗？

考上大学以后，我发现自己和父母联系的频率越来越低，甚至变得越来越不想和家里联系，每次打电话除了几句嘘寒问暖，之后都不知道该和父母聊些什么，气氛也很尴尬，有时候父母多问几句还会觉得不耐烦，挂完电话之后又觉得心里有点不是滋味，请问老师这种情况是正常的吗？我需要做出哪些改变呢？

在我们成长的过程中，和家人的关系是至关重要的。从小到大，我们都习惯了家长的关怀和指导，但当我们进入大学阶段，尤其是远离家乡进入新的环境时，与父母的联系似乎变得不再那么频繁。人生的每个阶段都伴随着情感的变迁和成长，而你正处在这个不可避免的过程之中。从高中顺利考入大学，你开启了一个全新的篇章。这个过程不仅意味着学习上的转变，更意味着心态和情感的演变。你的思维和视野正逐渐开阔，而这种变化也会影响你与家人的关系。这种情况在现代社会并不罕见，而且也是一种正常的现象。

进入大学后，你开始面临一系列新的挑战和机会，这些事务可能填满了你的时间表。无论是追求学术上的进步，参与社团活动，还是与朋友们一同体验大学生活，这些都会占据你的时间和精力。与此同时，父母的关心和期待未曾减少，但你的生活重心逐渐偏离了原来的家庭生活。我们经历了从家庭到独立的过渡，这是自然的成长过程。随着我们逐渐独立，有些人会感觉到与父母的关系发生变化。这并不意味着你不再关心他们，而是说明你正在探索自己的独立和自主性。

那么，出现"越来越没话说"的现象可能有以下几点原因：信息不及时、地域时空存在差异、年龄认知有跨界等。当你与父母通话时，这些问题可能导致话题的选择和交流的流畅度出现一些障碍。例如，你可能在大学里遇到了新的朋友，参与了有趣的活动，但与父母通话时可能会觉得这些话题难以引起他们的共鸣。父母的关心和关怀可能通过提问的方式表达出来，但这些问题可能令你感到不好意思，会有点害羞，这也加深了交流时的尴尬。所以，父母的期待和他们并未参与你的大学生活出现了信息差，这也是你与父母话题变少的原因。

跟父母的沟通出现以上的情况，不必过多担心，积极调整与父母的沟通方式就会有所缓解。你可以试试以下几种方法：

第一，坦诚沟通。

大方地与父母分享你在大学中的学习、社交经历。把他们当成好朋友，告诉他们你所面临的新环境和挑战，以便他们更好地理解你的生活。你的喜怒哀乐可以让他们更了解你的现状和感受。不要担心事情的大小，与家人沟通重在交流的过程，而不在于事情本身。同时，也可以询问他们的近况，从他们生活中细小的事情入手，尝试寻找与父母共同感兴趣的话题。可以是关于学术、文化、社会热点等的话题，也可以是父母日常习惯做的一些事务性工作，把话题引到大家都熟悉的领域可以帮助你们更自然地交流。例如家乡美食、家乡天气、亲友邻居近期情况等，让父母觉得虽然你身在大学中，但仍然参与到他们的生活中。同时，你也可以从中感受到家乡的氛围，体验到归属感。从细微的事情入手，慢慢调整，相信你会有不一样的体会与收获。

第二，建立共识。

与父母协商，制定一些适合双方的固定通话时间和频率。定期的交流有助于减少尴尬和沟通障碍。在通话中，真诚地表达你的情感和想法。让父母知道你在意他们，并愿意与他们分享生活的点滴。如果你在与父母的交流中感到尴尬，不要害怕这种情绪，它在这个过渡阶段是正常的。不过，尝试用积极的心态来看待这种情况。尴尬并不代表你们之间关系不好，而是你们正在适应新的沟通方式。

第三，接纳不同。

进入大学后，我们会结交各类新朋友，身处新的环境，我们会感受到各种知识、各种想法相互碰撞交互，在这样的背景下，体现求同存异和引导包容的精神变得尤为重要。这点同样也适用于与父母的沟通。父母有不同的生活观念和经验，我们可以尝试站在他们的角度去理解，保持开放的心态，学会尊重不同的观点，并以耐心和理解引导他们思考。

将这个阶段视为你们改善关系的机会。随着时间的推移，你们会逐渐找到更好的交流方式，建立更紧密的纽带。不要急于求成，逐渐积累沟通的经验，你会发现与父母的关系变得更加深厚和美好。作为大学生，你正经历着情感和人际关系的成长。通过适时的沟通、理解和共鸣，你可以建立更为融洽的与家人的关系。这个过程不仅会加深你们之间的理解，也有助于你更好地成长和应对未来的挑战。你也可以寻求专业心理咨询的支持，他们能够为你提供更加个性化的建议和帮助。

曹宛彤

向父母"报喜不报忧"，
还是"报喜也报忧"？

进入大学以后我的学业成绩一直不算好，上学期因为各种原因，最后期末考试的成绩不太理想，这学期开学时收到了学校的学业预警，整个人都不好了。在父母看来，我一直学习很用功，虽然我也确实在努力，但现在这种情况让我觉得如果跟他们说了会让他们很失望，觉得很对不起他们，如果不说的话又觉得无法面对他们，请问老师您觉得我应该跟父母沟通这个事情吗？

进入大学后，同学们难免会遇到许多糟心和棘手的问题。每次父母打电话问起最近学习和生活情况时，同学们往往会犹豫要不要将自己的忧愁和烦恼告诉家人。对父母到底是"报喜不报忧"还是"报喜也报忧"呢？在回答这个问题之前，我们先一起回顾一下当代大学生都在"忧"些什么。

一是进入陌生的环境，对未知生活的忧虑；二是来自社交关系的压力，包括父母之间、同学之间、师生之间的复杂关系；三是学业焦虑，刚步入大学的同学们往往还没有掌握良好的学习方法和时间管理能力，容易面临学业问题；四是毕业去向问题，网络上关于升学、就业等话题的讨论往往比较热烈，同学们容易被纷繁复杂的信息所裹挟，对生涯规划产生焦虑。此外，还有各种随着年龄增长、社交圈扩大接踵而至的烦恼，都可能引发同学们的担忧。

以你所面临的困惑为例，学业预警之"忧"该不该和父母分享呢？我们不妨一起做一下推演。

当你选择"报喜不报忧"后，短时间内看似相安无事，但许多问题已经开始发酵。首先，你可能会错过解决问题的最佳时机。面对大学紧张而繁重的课业任务，如果无法及时调整学习状态，学业问题将会接踵而至，最终造成不可预估的后果。反观之，父母或许在学习方面并不如你，但他们的人生阅历和经验也许可以帮助你更快地找到改善学业状况的方式和方法。其次，面对学业问题，独立面对可能会导致消极情绪的积累。没有达到父母期望的愧疚感，拒绝和父母沟通的孤立感，害怕父母发现的焦虑和不安都会对你的思维、情绪和接下来的学业表现产生负面影响。事实上，父母是你最亲近的人，他们可以给予你情感上的支持，增加你的自信和动力。此外，如果你长时间选择对学业问题"报喜不报忧"，最终可能会导致你和父母之间产生信任危机。纸终究是包不住火的，当父母通过其他途径了解到你的学业状况时，他们可能会质疑你是否以端正的态度对待学业。回过头来想想，当初选择"报喜不报忧"的初衷就是担心他们知道你的学业问题而感到失望，结果反而破坏了你和父母间的信任，你甚至都不知道该如何向他们解释。

从心理学的角度来看，任何情绪都有它存在的价值和意义，我们应该和父母建立起开放、诚实和相互尊重的关系，在频繁的情感交流中展示真实的自我，让父母能够尽可能理解和支持我们的生活。事实上，对于父母来说，他们是世界上最愿意知悉我们一切的人，包括成功的喜悦以及失败的忧愁。因此，对父母"报喜也报忧"，实际上是在建立和维护更加真实、稳固的家庭关系。

在你选择"报喜也报忧"后，我们需要进一步思考如何开口。当你带着消极情绪去跟父母对话，用片面的陈述来描述你所遇到的困境时，这种方式可能会将事态引向一个消极的方向。如果父母脾气不好或对你较为严厉，这种表达方式无疑是火上浇油。这样做不仅得不到父母有效的反馈和建议，还可能恶化与父母的关系，加深沟通壁垒，甚至激化现存矛盾。

那么如何顺利且有效地开展对话呢？首先，在你与父母沟通之前，你需要摆正心态、端正态度，允许父母有情绪的波动并向你表达失望和担忧，学会尊重他们的感受。其次，你可以为这次交谈选择一个合适的时间与地点，轻松的环境和氛围可以帮助彼此放松，使谈话更顺利地进行。此外，在交谈过程中你应当尽可能地保持冷静，不要紧张或遮掩，与父母坦诚相待才能让父母感受到你的诚恳。同时，在解释情况时要足够详细，提前组织语言以便表达清晰易懂，这样父母能更好地了解你所面临的各种问题和困难。最后，我们在与父母说明情况之后，一定要记住及时沟通，倾听他们的反馈和观点，帮助自己寻求更好的解决方法。

　　如果你的父母面对学业问题表现得比较激动，导致你找不到有效的沟通方式该如何应对呢？这时，你可以先通过书面形式让父母了解情况，同时寻找合适的时机和父母进一步沟通。当然你也可以寻求第三方的帮助，例如请老师或辅导员与父母沟通，协助促成对话的开展，对话局势也会向着更好的方向发展。

苏友煌

面对"一切为我好"的强势父母，我该怎么办？

我今年大三了，成绩中等，够不上保研，专业我也不喜欢。我想本科毕业了直接工作，去新媒体行业做运营。大学期间参与了很多相关的活动和实习，积累了一些经验。但爸妈完全不支持我的想法，要求我继续读研，学更多专业知识与技能，他们总说这都是"为我好"，以后我就会明白的。完全无法与父母沟通这个事情，一讨论就吵架，我该怎么办？

父母和子女的代沟是每一代人都面临的客观问题，尤其在涉及人生规划发展时矛盾更为突出。大学是青少年走向独立的关键过渡期。相较于中学生，大学生已经是法律意义上的"成年人"，逐渐展现出成熟的思考能力和独立的想法。然而，相对于社会人士来说，大学生仍是"象牙塔"里的学生，对社会认知不足，对未来的判断缺乏经验，因此，父母的意见依然是值得慎重考虑的。

首先，我们要认知自我。

请你站在一个旁观者的角度，对自己的兴趣、自己的执着，作一个深度的剖析。回顾过去，也许当初是因为了解太少而做出错误的选择，或者是受到父母的影响而选择了特定的专业。假如可以重来，回到自己高三那个懵懂的状态，是否能根据当时的认知和眼界选到自己真正喜欢的专业呢？没有深入学习了解一个专业，其实很难体会到其中的平淡和枯燥，我们看到的专业宣传，大多是其"光鲜"的一面。大多数人很难从一开始就幸运地"爱一行，干一行"，但很多人最终却实现了"干一行，精一行，爱一行"。再看看现在，你对新媒体运营的经验主要来自课外活动和实习。我相信你目前肯定有很多的兴趣和热情，但这份工作肯定也有枯燥和烦恼。如果真的把这个作为生存的主业，年复一年，你还会热情如初吗？新媒体对你来说有一天可能会变成"旧媒体"，你没有深厚的行业基础很难进一步发展，那时你会感到沮丧吗？因此将目光投向未来，一个人的人生理想应该是什么样的？若干年后，你的职业发展的终点是什么样的场景，能不能配得上自己曾经的骄傲？在照顾年迈的父母时，你是否能坦然地告诉他们自己的坚持没错？在培养下一代时，你是否有勇气告诉他们不要依赖老一辈的经验？客观地剖析自己，对这些问题的答案如果让你感到忐忑犹豫，你可以重新考虑父母的建议；如果对这些你都有肯定的答案，那就坚定地继续前行。

其次，我们要理解父母。

谁不希望自己的子女能有一个美好的未来呢？他们给出了他们丰富人生经验中对你来说最好的建议。可怜天下父母心，我们要尽量理解父母，对父母心怀感恩。我们可以告诉父母，客观来讲，学历越高，获得的发展机会越多，机会越多可选择的人生路径也就越多。我们终究只会选择一条路走下去，也许那条路已经在眼前了呢？我们可以告诉父母，读研深造对自己更有利，虽然成绩不好失去了保研的机会，但将来工作之后仍然可以去考研。顺着父母的观念和思路，去帮助他们包容我们的"叛逆"，而不是用自己的坚持去争执，去任性地挥霍这份亲情。

最后，我们要慎重选择、理性沟通。

通过前面对自己的剖析和对父母的理解，我相信同学们会在内心重新审视自己的选择，是坚持，还是改变。这都需要勇气，但也要对自己的选择有信心。如果你选择走自己的路，你需要仔细回想一下父母十几年来对你的教育，思考他们的思维方式，考虑如何表达让他们能够接受的话语。我相信，只要你努力，不带着逆反的情绪，而是怀着真诚的感恩去回忆、去思考，一定可以找到一些方法和技巧，说服父母。即使不能完全说服，也要考虑如何以一种方式让父母在妥协你的选择时感到好一些，这是我们必须尽的孝道，也是对父母负责任的回应。如果我们选择了父母的建议读研，我们也要告诉他们，这是自己慎重考虑、客观分析做出的选择。感谢父母的关心，同时请他们逐渐认识到，孩子已经慢慢长大，未来请一定相信孩子！父母的束缚太紧，只会耽误孩子的成熟，父母应该更多地给出建议，而不是代替孩子作出选择。

　　学会客观地分析自己，学会站在父母角度考虑问题，是我们不断成长的过程。我们要和父母多沟通，用真心真意的情去交流、用感同身受的理去交流，让父母能从我们沟通问题的成熟度中，欣慰地认可孩子已经长大。两代人能共同与时俱进地成长，这是我们追求的愿景。

胡　　昑

本章小结

查收这份人际交往秘籍，让沟通成为你的超能力

在青春的舞台上，每个同学都是独一无二的主角，而人际交往则是这场演出中不可或缺的华丽篇章。它不仅关系着我们的情感世界，更深深影响着我们的学业、职业乃至未来人生的发展轨迹。接下来，我想和你分享几条既实用又充满温情的建议，希望它们能像一盏盏明灯，照亮你前行的道路。

1. 主动沟通与理解：敞开心扉，温暖心田

无论是寝室中的小摩擦、团队合作的微妙氛围，还是与同学、导师、恋人、家人之间那似乎难以逾越的沟通鸿沟，主动开口、坦诚交流永远是解决问题的第一步。你可以尝试直接表达你的感受和需求，同时倾听对方的观点。你还可以尝试站在对方的角度理解问题，这有助于化解误会。打开你的心门、换位思考，你会发现，很多看似坚不可摧的壁垒，其实只是一层薄薄的窗纸，一捅就破。

2. 积极适应与调整：拥抱变化，成就自我

生活，就像一场盛大的舞会，时而轻盈旋转，时而激烈跳跃。面对新环境或新挑战，不妨将其视为一次换装的邀请。勇敢地穿上那件新的舞衣，从小范围的聚会开始，你可以参加自己感

兴趣的社团，报名一次志愿服务活动，一步步扩大你的社交圈。在大学这个舞台上，遇到瓶颈并不可怕。人际交往中的摩擦，不过是舞曲中的一个小节，是为了让你蓄势待发，准备下一次华丽的转身。调整策略，寻求帮助，就像是在舞曲中找到新的节奏，让你的步伐更加坚定有力。

3. 认知自我与边界：绘制蓝图，守护初心

在这场人生的战役中，最重要的还是知己。你可以通过自我反思、职业测评或咨询心理咨询师，更加清晰地认识自己的兴趣、价值观和目标。同时，要学会设定个人边界。在恋爱关系中，明确表达自己的底线和期望；在同学和师生关系中，懂得何时该坚持自己的立场、何时该拒绝不合适的任务或项目。边界，不是束缚，而是自由的保障，让你在爱与被爱中保持最珍贵的自我。

4. 情绪管理与成长：历经风雨，终见彩虹

面对分手、家庭矛盾等情感挫折，学会有效管理情绪。可以通过运动释放压力、通过冥想放松心情或寻求心理咨询师的帮助来处理复杂情绪。要将每一次挑战视为成长的机会。比如，从分手中学会更好的沟通技巧和情绪管理能力；从家庭矛盾中学会更独立地思考和决策。我相信，风雨过后，你将拥有更坚韧的心脏，和欣赏彩虹的淡然。

5. 平衡与决策能力：权衡利弊，找寻平衡

毕业去向、爱情与面包的选择……这些看似沉重的砝码，其实都掌握在你自己的手中。学会平衡，就像在生活的天平上找到自己的平衡点，让每一步都走得既稳健又从容。决策，是勇者的

游戏。它需要你权衡利弊，更需要你勇于承担选择后的责任。但请记住，无论结果如何，你都已经是最棒的自己。因为在这个过程中，你学会了成长，学会了如何更好地爱自己、爱生活。

亲爱的同学，大学不仅是知识的殿堂，更是人际交往的演练场。在这里，每一次的沟通、每一次的适应、每一次的自我认知，都是成长之道上的路标。大学期间的人际交往，不仅能丰富你的校园生活，更能成为你人生旅途中宝贵的财富。所以，勇敢地去拥抱每一个与人交往的机会，用心去感受每一次沟通的魅力。加油！

第五章

心理健康
与人格养成

　　心理健康是道德人格健康成长的重要基础与前提，对帮助青年学生形成正确的世界观、人生观、价值观和塑造健全的人格具有重要作用。你可能时常会探索、思考、实践，思考自己将成为什么样的人、过什么样的生活、生活中的意义是什么、自己的价值在哪里……这些问题塑造着人的思想和认知，丰富着信念与情感。有些同学沉迷游戏，却不知如何提高自制力；有些同学面对考试总是焦虑，觉得自己"卷不动"也"躺不平"；有些同学因为原生家庭产生自卑心理，希望能够重拾信心。

　　本章内容，将陪伴你探索心理健康和人格养成方面的常见问题，分别探讨情绪管理、行为管理、自我意识和自我实现等方面，帮助你正视问题背后的心理因素，激发你的潜能，找到与生活困难的相处之道，实现个体的健康成长。

注意力不集中，
怎么办？

最近一段时间我总觉得自己做什么事情都没办法集中注意力，无论是上课还是自习，甚至和同学们聊天的时候也经常走神，这十分影响我的学习和正常生活，请问老师您有什么办法能帮助我摆脱这种情况吗？

"心不在焉"是一种很常见的现象，经常会在学习或工作时出现。在这种状态下，我们的思绪不自主地考虑起其他事情，导致难以集中精力，难以保持长时间的专注。比如，感觉心静不下来，时常想吃东西或者想刷手机；记忆力下降，重要的任务常常忘记完成，应该记的东西记不住，不该记的东西却记得很清楚。这些情况我们或多或少都遇到过，会让人觉得好笑，但也经常为之苦恼。

那么如何科学地认识和改善注意力不集中呢？

注意力不集中通常是由许多外因和内因共同引起的。从外因来看，任务或话题本身的吸引力不足，注意力自然不容易集中。此外，社交平台新消息的弹窗、自习室里同学的交谈声以及周边环境产生的噪声等无时无刻"勾搭"着你的思绪，使你的注意力难以集中。从内因来看，长时间的高强度思考，使大脑超负荷工作，进而引发注意力不集中，大脑"累"了，也想歇歇；或者给自己预设的目标和现实存在较大差距，强行调动注意力但思维和脑力还跟不上节奏，就会产生挫折感和压力，这时，心理防御机制会让你"避重就轻"，被动选择不听、不想的放空状态。

针对这些原因，我们不难发现，提高注意力的关键在于主动性和意志力。

第一，明确目标，为任务设定期限。

在现实生活中，我们往往低估了目标难度，或高估了现实条件，总有"时间还多""自己能很快完成"的错觉。只要觉得进度可以拖一拖，就很难将注意力集中在任务上，最终落得手忙脚乱、压力陡增。因此，学会提前思考和规划现状、目标和可行方法等要素至关重要，明确的目标和方向能让大脑活跃起来，适度的紧迫感也能激发我们非准时完成不可的动力，使我们更加专注。

第二，分解挑战，多给自己一些正向反馈。

多巴胺控制法是指当我们完成某项工作、克服某种困难或取得成功时，大脑会分泌多巴胺使我们产生愉悦感。为了"再次感受这种愉悦"，大脑增强对该行为的学习兴趣，从而强化了我们对学习的积极性。多巴胺控制法为改善注意力提供了一个较为有效的方法：将大目标分解为阶段性小目标。首先，它减轻了我们面对目标时的心理压力；其次，每完成一个小目标，我们都会因取得进步而获得成就感，这种连续的正向刺激可以增强自信心。至于如何分解大目标，没有具体的标准，但要确保每个小目标不会让自己产生太多心理负担，要感觉"刚刚好"。

第三，排除干扰，锻炼提升意志力。

集中注意力需要消耗大量的意志力。如果缺乏坚定的意志，注意力就容易受到影响，导致难以保持专注。锻炼意志力的方法有很多，《意志力》的作者罗伊·鲍迈斯特、约翰·蒂尔尼给出了一种简单且行之有效的方法：改变"一个小习惯"，比如坚持阅读、坚持早起，甚至是坚持端正坐姿，当你在某方面的意志力得到提升，其他方面的意志力也会相应改善。每处细微的变化都能锻炼你的意志力。如果消息弹窗经常转移你的注意力，下次学习或工作时，不妨尝试将手机置于一边，坚持住不被干扰。

提高注意力是一个坚持付出才能收获回报的过程。现在就让我们从调整作息、合理饮食、坚持锻炼开始自我蜕变吧！学会明确目标、分解挑战、排除干扰，发挥主动性，挖掘意志力。我相信，你一定能凭借努力摆脱困扰，主宰自己的人生。

姚 远

总是很 emo，
我是不是生病了？

高三时家庭遭遇一些变故后，我的睡眠就不太好。本以为上大学后会好一些，但学习压力更大了。虽然拼命学习，成绩还可以，但我的情绪一直很低落，也不想和人交流。以前喜欢锻炼，现在干什么事情都提不起劲，经常很悲观。都一年多了，我这是单纯的心情不好，还是可能有心理疾病？我不敢确定也不敢面对，应该怎么处理？

"emo"通常指低落、忧郁、消极的情绪。情绪低落在大学生中并不少见。学习上的挫折、生活中的困难、人际关系的冲突，都可能会引起我们情绪低落。很遗憾听到你遭遇了一些变故，还需要面对高考和大学生活的适应，这确实很不容易。

你说心情不好已经一年多，听起来好像对自己有些担心。如果你总是感到情绪低落，持续了较长时间，并且开始影响生活中的其他方面，你有可能正在经历抑郁症的早期阶段。根据世界卫生组织的界定，抑郁症是一种常见的精神障碍，涉及长时间情绪低落，对活动失去兴趣，可能会感到悲伤、烦躁、空虚等。不同于正常的情绪波动，抑郁情绪几乎每天都会发作，至少持续两周。此外还可能存在其他症状，比如注意力不集中、自我价值感低下、睡眠紊乱、食欲或体重变化、感觉精力不足等。不知道这一年里，你的情况和以上描述是否相符？如果接近，建议你尽早咨询专业的精神科医生以获得更有针对性的帮助。

当你提到自己"不敢面对"时，似乎有些害怕。首先，你无需为自己的情绪低落感到"不正常"。你知道吗，世界卫生组织截至 2023 年 3 月的数据显示，全球大约有 2.8 亿人患有抑郁症。在快节奏和高压力的生活下，抑郁症并不是罕见的疾病。此外，目前抑郁症的治疗方法有很多，包括药物治疗、心理治疗、物理治疗等，你可以根据医生的专业判断来消除你的疑虑，找到适合自己的应对方法，缓解症状，重返健康状态。

来信的你看起来还有些困惑，为什么会产生抑郁的情绪呢？哪怕真的发生抑郁症也不用害怕。其实抑郁症有可能发生在任何人身上。经历过虐待、重大丧失或其他压力事件的人更容易患抑郁症。梁宝勇等学者在抑郁的社会心理因素模型中提到，一定的应激性生活事件，通过人格特征、心理调节手段、社会支持等路径导致抑郁的发生和发展（见图 2）。在短短一年内，你经历了家庭变故、重大考试、新生适应等多项应激事件，的确需要花费更多的精力和时间去调整自己，此时出现情绪低落的现象很正常。能够在遭遇这一件又一件应激事件后，仍然对未来怀抱期待，积极应对，这样的你真是了不起！

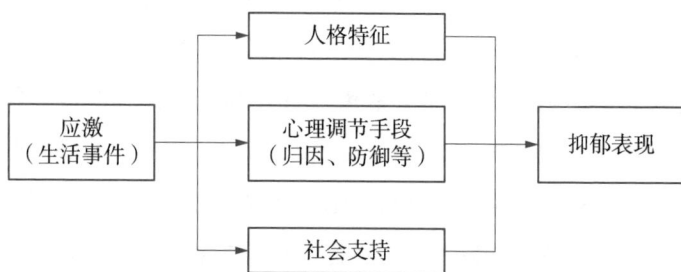

图 2　参与抑郁发作的心理社会因素及其关系

多数时候我们好像只是有些情绪低落，并没有达到抑郁症临床诊断的标准。这时候，我们如何调整情绪呢？

积极运动。我国的《抑郁障碍防治指南（第二版）》明确提到运动疗法可以用于治疗抑郁症。运动可以促进神经递质释放，有氧运动（如游泳、跑步等）可以促进脑内多巴胺和血清素的释放，从而改善情绪；运动过程中身体释放出的内啡肽，能够减轻疼痛，缓解身体紧张。有时我们会掉入"情绪旋涡"，仅仅一件小事都会让我们联想到"糟糕至极"的后果，运动可以帮助我们把注意力从负性思维转移到运动本身，减少被"情绪旋涡"卷入的可能性。你说以前喜欢锻炼跑步，现在干什么事情都提不起劲，也许你想等到情绪变好些再起身运动，但好像有些困难。詹姆斯-兰格理论强调情绪的产生是植物性神经活动的产物，与其消极等待情绪变好再去运动，不妨试试先动起来，情绪也许会逐渐变好哦。

　　增加社会联结。在成长过程中，我们经常被教育要独立和坚强，也因此会有一些潜意识阻碍我们在遇到困难时向外求助。例如，求助是脆弱的表现；我不能给别人添麻烦；我只能靠自己……可是每个人都会有无助的时候，接纳自己脆弱的部分，并学会求助——这也是成长的一个标志。一个良好的社会支持系统是帮助我们走出情绪低谷的重要力量。哈佛大学的精神障碍专家分析了英国生物样本库中超过 10 万人的基因组数据以及长达 8 年的线上心理调查数据，对比抑郁症相关的保护/风险因素后发现——社会联结是最有力的保护因素，包括向他人倾诉、与家人待在一起等。尝试找一个合适的倾诉对象，告诉 TA 最近的近况和感受吧。

　　求助专业人员。如果以上的方法仍然不足以缓解你的情绪，不妨考虑寻求专业心理咨询的支持。为了帮助你更加深刻地向内探索，有时咨询师会和你一起讨论过去的成长经历、人际关系等。通过这种方式，或许你可以更好地理解自己当前的痛苦所在。当你改变对问题的看法时，情绪也会随之发生改变。

　　觉察自己的情绪状态，学习了解和应对情绪，是我们人生的一门必修课。及时觉察，灵活自助，积极求助，让我们在经历中成为更好的自己。

朱婷飞

卷不动也躺不平，
应当何去何从？

我现在直博第二年，做了一年多的实验，仍没有进展，而室友却已经开始撰写论文了。最近我感到前所未有的挫败感和担忧，我很害怕实验一直失败，自己无法按期毕业。每到晚上想起种种不如意就难以入睡，对实验室很抗拒又担心影响实验进度而更加落后，每天都活在矛盾和自责中，请问老师我该怎么调整这种状态呢？

在科研道路上，遇到挑战与挫折是常态。如果没有调整好心态，很容易便会陷入卷不动和躺不平的两难境地。

所谓的"卷"，其实是一种非自愿、被裹挟的竞争。作为学生，我们时常会感受到"同辈压力"。当身边的人纷纷朝向自己的目标迈进，我们也不由自主地随波逐流，看大家在干什么就跟着干什么，想着"先跑起来吧，这样总好过停滞不前或者出错"。

　　然而，盲目的前进只会让人忽略自己的节奏和目标。在群体的压力下，有些同学即便行动起来了，但仍会感到深深的迷茫和困惑，最终迷失在竞争和压力中，看不到努力的结果和意义，于是放弃挣扎，选择"躺平"。"躺平"背后，其实是一种"习得性无助"。"习得性无助"由心理学家塞利格曼提出，指个体经历某种学习后，在面临不可控情境时形成无论怎样努力也无法改变事情结果的不可控认知，继而放弃努力的一种心理状态。同学们选择"躺平"，正是由于长期处在高压状态下，又没有办法解决问题，进而进入摆烂的状态。

　　"躺平"后便能万事大吉了么？事实上，并非如此。不少同学叫着喊着"躺平"，焦虑却如野草般疯长，心里明明知道有件事非做不可，但却迟迟无法行动，变得更加痛苦。针对这种现象，心理学家伯格拉斯和琼斯提出了"自我妨碍"的概念。"自我妨碍"指的是"个体为了回避或降低因不佳表现所带来的负面影响而采取的任何能够增大将失败原因外化机会的行动和选择"。比如有些同学会故意选择在考试之前拖延复习计划，这就是一种自我妨碍——"考得不好不是因为我能力不行，只是因为我没有好好复习"。这种自我妨碍的策略一定程度上能保护我们的自尊，但从长远来看，这会降低个体的自信，增加个体的焦虑。有研究表明，自我妨碍会让人形成对自己的消极看法、增加失败的可能性、降低自我效能感，进而减少对学习的兴趣。这种循环会使个体继续采取自我妨碍行为，陷入恶性循环中。

事实上，"躺平"和"卷"看似是两个截然相反的词语，折射出的却是相同的内核，即对社会竞争所带来的压力和焦虑的回应。在这个随时可能被裹挟着"失控"的时代，想要降低"内卷"和"躺平"带来的焦虑，最重要的，便是努力建立对生活的掌控感。

那么如何才能获得掌控感？

第一，建立对生活的秩序。

所谓秩序，既指外在秩序，更指内心秩序。拒绝跟随"别人的节奏"、抵制被裹挟着"卷起来"的压力，明确自己的边界，按照个人习惯和节奏有弹性地分配精力，劳逸结合，只有这样，我们才能建立起对自己生活的秩序。当我们感受到生活的秩序逐渐建立起来时，就会从这种秩序中体会到掌控感，并因为这种秩序的正常运行而不断加强掌控感。

第二，更多地去发掘自己的"内部控制点"。

心理学家罗特认为，如果我们相信行为的结果是取决于自己（即内部控制导向），我们就越倾向于相信自己能掌控好自己的生活。同学们不妨回顾自己曾经克服困难的经历，并理性分析其中真正的困难是什么，想一想"我做了什么"以及"我的哪些能力起了作用"，找出成功克服困难的关键因素，发掘自己的能力和潜力来作为自己的内部控制点。当你找到自己更多的内部控制点时，你会更从容、更有信心地去掌控生活。

第三，进一步明确自己的人生目标和规划。

每个人都是独一无二的，因此，不要试图复制别人的成功路径，只有那些源于你内心真实想法的规划才能最符合个人情况和能力。找到对你而言真正重要的事情和适合自己的人生道路，能够帮助你更加专注和坚定地朝着目标前进。或许这条前进的道路上仍然存在着竞争，但因为目标明确，外界的影响也无法动摇你的决心，能看得清希望，心境自然不同。

第四，学会接纳和控制自己的情绪。

情绪是一种自然的反应，我们不能完全控制情绪的出现，但可以选择如何应对和管理他们。不妨试着和自己的情绪好好相处，当意识到自己正在被情绪控制和主导时，先让自己暂停10秒钟，然后识别、描述、标记自己的情绪，了解这些情绪的来源和原因，将自己从情绪中抽离开来，快速冷静下来。同时，我们也要给情绪找一个宣泄的出口，避免情绪积压影响身心状态。

第五，勇敢接受"失控"状态。

提升掌控感并不意味着要掌控生活的每个细节，很多人容易因为短暂的"失控"而开始自我否定，但生活中有许多事情是不可控的，比如他人的行为、外部环境的变化等。如果我们过于执着这些无法掌控的事情，只会感到拖累和无力，进而影响内心的平静和生活的幸福感。我们应该重点关注"我能够掌控"或"已经掌控"的事情，看到自己在这些事情中所扮演的角色，更加专注和投入我们能够控制和改变的事情上，从而提高我们对自我掌控力的认可度。

不要害怕被"内卷"和"躺平"束缚。最重要的是，在快节奏和高压力的社会中，我们要稳住自己的节奏，掌控好自己的生活，内在要认清自己的目标和能力，外部要分析竞争环境，制定良好的长期发展方向，同时，充分准备好在短期内冲刺和放松。如此相信你们一定能够在"内卷"和"躺平"之间找到适合的平衡点。

姚晨骑

常常感觉孤独，
怎么办？

　　我从小性格开朗，身边一直有朋友。我发现到了大学大家好像都很忙，忙着学习，忙着社团活动，忙着应付考试。我参加了社团，发现除了活动时大家聚在一起，平时也没有交集。室友也各自有自己的社交圈。我时常感到孤独，想请问该如何摆脱或者缓解孤独感呢？

　　大学为同学们提供了广阔的平台，大家可以在志愿公益、文体活动、科创竞赛等丰富多彩的第二课堂活动中自由选择。相较于高中单调而高强度的学习，大学则要求同学们有更强的主观能动性，积极把握机会，挖掘自身特长及兴趣爱好。然而，越来越多的同学发现，身边的人都因各种事情而忙碌，尽管有室友、有一起上课的同门，也在大学结识了很多人，但仍然时常感到孤独。这是什么原因造成的？如何看待孤独感？时常感到孤独又该如何自处？

我们应该对"孤独"一词有一个大致的认识。在古代，"孤独"一词常用来指那些幼而无父者和老而无子者。近代以来，医学领域最早出现了"孤独"的概念，指在情感表达和人际互动方面存在功能障碍。直到后来，"孤独"才被视为一种情感体验，并被纳入了心理学领域。有学者认为，孤独是一种主观自觉与他人或社会隔离与疏远的感觉和体验，而非客观状态，是一个人生存空间和生存状态的自我封闭，孤独的人往往会脱离社会群体而生活在一种消极的状态中。曾经在网络上流行过一个"孤独等级表"，把孤独分为一个人逛超市、吃饭、看电影等十个等级，引发了大众的广泛讨论。人们开始意识到，其实孤独才是生活时常有之的状态。心理学家罗伯特·韦斯将人的孤独分为两个原因：情感隔离与社交隔离。社交隔离指的是缺少社交网络、无人陪伴的情况，比如空巢老人，独自背井离乡来到大城市打拼的上班族等，他们身边缺乏亲友陪伴，也无人倾诉。情感隔离是指一个人缺少深厚的人际关系，缺乏心灵的沟通与共鸣。这一类孤独感的产生并不是因为缺乏社交网络，而在于"知音难觅"，没有人能够真正理解你并为你提供情绪价值。

许多人害怕孤独，将其视为一种负面情绪。但正如孤独（或者说独处）是生活中常见的状态一样，孤独感实际上也是一种普遍存在的情感。大学生中的绝大多数人处于埃里克森人格发展阶段中的"亲密与孤立"阶段。在这一阶段，他们渴望建立亲密关系并尽可能地避免孤独。他们对于社会需求的渴望、期待和需要达到了一个前所未有的高度。他们渴望获得友谊和爱情，渴望融入一个群体，渴望得到认可和肯定，渴望获得归属感。一旦精神需求与现实情况产生差异，就不可避免地会产生孤独感。那么，我们该如何看待孤独呢？我们应当正确认识孤独感，不要排斥它，因为孤独只是一种情感体验。有一部分人喜欢独处，他们享受孤独；同时，有时候我们确实需要一些独处的时间去思考、自省、进行创造。孤独更多的是一种选择，它会成为生活的常态。成长的道路上并非时时刻刻都有人陪伴，我们要学着习惯孤独，群处守口，独处则守心。

　　进入大学的新环境，大学生需要重新建立社交关系。这个过程中可能会感觉到孤独，但随着固定社交网络的建立完毕，这种短暂的孤独感会逐渐消失。社交关系是克服和消除孤独感的重要途径，进入大学后，我们可以建立新的社交关系，同时也可以保持之前已建立的社交关系。当前，科技发展使得社交媒体发达，人们通过微信、微博、B站、抖音等各种社交媒体建立社交网络。当代大学生作为网络的"原住民"，建立网络社交轻而易举。但有研究表明，网络交往型大学生的孤独感显著高于现实交往型的孤独感。同时，对于社交关系的过分依赖也会使我们变得更加脆弱和敏感。

　　总的来说，社交并非大学生活的首要或主要目的。大部分的同学都在朝着自己的目标努力，在这条道路上，孤独将常伴我们左右。因此，保持良好的心态才是摆脱孤独感的"制胜法宝"。一方面，要"向外走"，学会自我表露。除了拥有固定的室友和班级同学之外，大家可以选择加入一些学生组织或社团，扩大社交圈子，认识新的伙伴，培养一些兴趣爱好。譬如如果你热爱运动，可以选择加入跑步俱乐部、羽毛球社等社团，在课余时间和三五好友一同开展体育锻炼；如果你热心公益，可以加入志愿服务队，和伙伴们一同组织、参加志愿服务活动；假如你希望承担一些学生工作，为同学们服务，可以报名学生会等学生组织，一同策划学生活动。在这些社交活动中，我们应尽量避免或减少"表面社交"，而是要学会自我表达，向值得信赖的伙伴自发揭示内心感受、思想和评价等，要深交而非"泛泛而交"。另一方面，要"向内看"，学着自我剖析。缤纷多彩的大学生活有时会让人觉得疲惫、迷茫，很多同学后来会发现，自己好像一直都很忙，上课、考试、参加各种各样的活动，但不知道在忙些什么，也没有获得什么成就。大学是包容的，我们鼓励大家不断地去尝试、去试错，但大家不要忘了停下来，回头看看。"向外走"的社交是试着"剥开他人的洋葱"，而"向内看"自省则是尝试"剥开自己这颗洋葱"。上了大学后，很多同学和父母的关系会变得疏远，其实家人永远是我们的后盾。当感到孤独或想家的时候，不妨给爸爸妈妈打个电话、聊聊天。此外，也给自己留些独处的时间和空间，去放空一下，好好地思考自己到底想要什么。只有弄清楚我们到底想要什么，才能够朝着更明确的目标努力，大步地迈向自己的"乌托邦"。

孤独只是一种选择，每个人都是一个独立的个体，但没有人会永远是一座孤岛。

卫思霁

越忙碌越空虚，
努力的意义是什么？

> 我是一名大一学生，我发现大学里有太多的事情可以尝试：社团、研究、兴趣……我不知道应该把有限的时间花在哪里。我"广撒网"都尝试，每天充实而忙碌，但慢慢地，我感到越来越疲惫，脑袋也无法放松。我该如何取舍，选择自己努力的方向？

首先值得肯定的是，你对大学生活充满热情并努力尝试各种机会。大学里确实存在着很多有吸引力的事物，抓住大学时光多方面挖掘自己的潜力也是不错的尝试。然而，你现在面临的困境是过多地尝试让自己感到很疲惫和迷茫。你似乎意识到应该要做一些取舍，但却不知道如何选择，确定适合自己努力的方向。

你的困境很真实，也很具有代表性。想知道自己是谁、该做什么、喜欢做什么，并为此而不断尝试或感到迷茫，似乎成为现代人成长过程中必然会经历的一个阶段。美国心理学家埃里克森将其称为探索"自我同一性"的过程。埃里克森的人格发展理论提出，人的一生发展要经历八个阶段，而青春期（12～18 岁，第 5 阶段）面临的发展任务就是确定"自我同一性"。当进入青春期，我们会对周围世界有更多的观察与思考，从自身的需求、别人的态度、自身的角色中不断对自己有新的认识。我们逐渐走向独立，但好像又不能完全独立，我们想尝试各类新鲜事物，却发现精力有限。这些都让我们不得不面对现实，逐渐清晰地认识自己现在与未来在社会生活中的关系。埃里克森认为这一时期个体通常遇到的挑战是通过角色尝试和对自己潜力的预期来明确"我是谁，我以后要走什么样的路"。

因此，目前你所面临的挑战——如何建立自我身份和找到自我定位，是每个人都会经历的。你的尝试正是对自己发展需求的一个回应，虽然目前看起来还没有一个确定的结果，但这是一个必经的过程。迷茫是不可避免的，后续还会有更多的迷茫，你才会慢慢对这个问题有自己的回答。当然，我们也可以来看一看有什么方法能带领你早日找到自己的方向。以下几点建议可以供你参考。

第一，自知自省。

在漫无目的地开始努力前，请先花些时间仔细思考自己的价值观、兴趣和优势。让-保罗·萨特曾说："离开爱的行动是没有爱的。"这句话启示我们应该对感兴趣的事情倾注自己的热爱，全心全意去做出努力，才可能真正爱上所做的事情，产生积极的结果，而不是在不感兴趣的事情上持续自我消耗。所以，你需要认真考虑你对哪些事情是真正感兴趣的，以及你希望在大学期间和将来成为什么样的人，你未来的生涯规划是怎样的。这种自我反思可以帮助你更好地了解自己，从而选择适合自己的努力方向。同时，拒绝无效的同辈比较也至关重要。有的时候我们容易受身边人的影响，感觉别人做的事我也应该去做一下。在真正做一件事情之前，要好好思考这是否真的是自己想要的。

第二，优先级排序。

当你面对眼前各种要做的事而眼花缭乱时，可以借鉴四象限法则对这些事情进行分类和排序。你可以将横坐标与纵坐标设定为与生涯规划长期目标的相关程度以及感兴趣程度。第一步将所有要做的事情列出，第二步将事情逐一对应放入四个象限中，第三步对它们进行优先级排序。优先去做你最感兴趣且与你在生涯规划中的长期目标关联程度最大的事情。至于那些你既不感兴趣，又与生涯规划长期目标关联度不大的事情则可以不做，不必过分纠结，避免消耗过多精力与时间。这样，你就能更有针对性地选择自己的努力方向。

第三，探索性实践。

探索性实践是指通过观察、实验、探究等方法主动发现和探索问题，形成自己的知识体系和思维方式。与其"广撒网"地尝试很多事情，你可以尝试以探索性实践的方式去深入你所感兴趣的事情。这种方法在一定程度上能够限制你的选择范围。在尝试参与一些社团或项目研究时，要给自己设定明确的时间框架和目标。通过这种方式，你可以更好地了解自己对某个领域的兴趣和才能，从而更加准确地找到适合自己的努力方向。

第四，寻求专业指导。

如果你仍然感到迷茫，可以寻求老师、辅导员、学长学姐或生涯规划指导专家的帮助。他们可以提供支持和指导，帮助你更好地了解自己，找到适合自己的发展方向。

总之，在尝试各种事情时，不要过度追求完美，也不要忽视自己的内心感受。如果你感到疲惫，请先停下脚步，让自己得到充分的休息。良好的身心健康才能助你行得更远。每个人的发展轨迹都不同，探索和努力是大学生活的重要组成部分。相信凭借你对生活的热情和积极性，你将找到适合自己的努力方向，并实现个人生涯发展目标。祝你好运！

周　盛

怎样和自卑说再见？

　　我从小在农村长大，父母都是农民，家里没有很高的收入。读大学前，我一直都在当地，从来没有外出过，对外面世界的了解仅停留在电视和书本上。当我来到城市读大学后，我发现自己和大城市的节奏格格不入，再加上室友和同学大部分都是城市环境长大、高知家庭出身，我感觉自己和他们有明显的差距，这让我产生了一种强烈的自卑感，做什么事情都没有积极性，我该怎么办？

　　当你鼓起勇气向我提出这个问题时，你已经迈出了正视自卑心态的第一步，这并不容易。我要告诉一个让你感到惊讶的事实：那些让你心生羡慕的同学，他们的内心也会泛起不如别人的自卑感，所以你的这种感受并不"孤独"。很多同学在入学第一年里都不同程度地受到自卑心理的煎熬，习惯性地否定自己，他们"没自信""消极""迷茫"……在思考如何消除自卑感之前，请先让我们一起分析：大学生为什么进入校园后会无所适从，感到自卑？

每个人在生活中都会受到自卑等负面情绪的影响。这里要提及一个概念——理性情绪理论。理性情绪理论认为，人的烦恼和情绪困扰大多来自其思维中不合理、不符合逻辑的信念。它使人逃避现实、自怨自艾，不敢面对现实中的挑战。正因如此，对于同一件事，不同的个体由于认知的差异会产生不同的反应。不合理的信念特征主要包括绝对化的要求、过分概括化和糟糕至极论。绝对化的要求即总是以个人意愿为出发点，认为某事物必定会发生，或者必定不能发生；过分概括化即对自己或别人进行不合理评价，常常以一件或几件事来评价自身或他人整体价值；糟糕至极论则是把事物后果推论到非常可怕的境地，甚至是灾难性的非理性观念。正是这些非理性信念的干扰让同学们更容易陷入自卑情绪。

常言道："金无足赤，人无完人。"每个人都有自己的经历和背景，而这些差异并不代表我们的价值和能力。正视自卑的原因，我们更应该警惕自卑对大学生学习和生活带来的影响。尽管自卑在一定条件下也可以促使个体超越自我、不断追求进步，但是自卑的消极作用更为显而易见。一些大学生由于自卑心理的作用，往往缺乏足够的勇气展现自己，做事瞻前顾后、优柔寡断，抗挫折能力不足，如果遭遇失败就会踌躇不前，进而形成"我不够好""我很难成功"等错误的思维习惯，因为受到消极心理的暗示，逐渐造成学业或活动的连续失败，从而再次打击自信心。大学生正处于生理和心理迅速发展的重要时期，如果因自卑而无法发挥自己的才能，潜力将在无意识中被压抑，影响个人性格和气质的形成。长此以往，个性就会愈发趋向孤僻、颓废、冷漠，甚至逃避现实、愤世嫉俗，对身心健康和学习生活造成很大的伤害。

认识了自卑的成因和负面影响，我们应该怎样重新树立积极的心态，和自卑说再见呢？

第一，将绝对化的要求意愿转化为"相对化"，学会接纳不完美的自己。

能够进入理想的大学，同学们对自身都有着憧憬与期待。对自己要求严格不是坏事，但对每件事情都追求完美则会让你陷入困境。哈佛大学幸福课中曾提出："接受自己全然为人，失望、烦乱、悲伤是人性的一部分。接纳这些，并把它们当成自然之事，允许自己偶尔的失落和伤感。"大学同学来自五湖四海，各自的成长环境天差地别，我们要接受自己和别人不一样，更要明白自身的价值不取决于家庭环境或者与他人的盲目攀比。每个人的起点和发展速度不同，但都有自己的优势和特长。关注你在学业或热爱的领域中所取得的进步和成就，客观认识自己的价值和潜力，你一定会找到闪闪发光的自己。

第二，将过分概括化的问题"具体化"，减少用单一评价体系衡量自己。

即使在家庭条件、学习成绩、身材外貌等某些方面与其他人有差距，我们也不要仅仅以某一件事或者某一方面的结果来评价自己的价值，应该聚焦在具体的行为上，每件事情分开判断。充满挑战的环境也是培养成长型思维的好机会，可以从小事做起，不断积累成功。因为生活环境不同，之前了解和体验外面世界的机会不多，那么大学正是你扩宽视野的好时机。我们可以利用互联网、阅读、参加社会实践活动来丰富对世界的理解；积极参与社团或志愿者工作，探索自身的兴趣，寻找并强化自己的优势。可以先从比较简单的事入手，获得成功后便会有暂时的成就感，再去做复杂的事，继续实现下一个小目标。

第三，将糟糕至极的想法"分解化"，寻求进步的空间及他人的支持。

当事情的结果不好让我们产生极端的自卑想法时，先学会冷静分析，找清问题背后的原因，我们究竟在担心什么？这件事情真的没有扭转的余地了吗？摆脱不合理的信念不是一件容易的事情，有时需要勇气和毅力。因此在这个过程中我们得寻求帮助，与你信任的家人、朋友或者老师分享真实感受，他们将会给予你及时的关爱与鼓励。如果自卑感持续影响到你的生活和学习，记得还可以寻求专业心理咨询的帮助，心理指导老师能够引导你更深入地了解自己的情绪，并提供有效的解决方案。最重要的是，学会建立一套坚固的自我支持系统，要记住你是一个独特而有价值的个体，过去并不定义你的未来。每个人在成长的过程中都会面临挑战和困扰，但如何应对这些问题才是最关键的。

相信自己的能力和潜力，积极面对困难，你一定能够逐渐克服自卑，实现自己的梦想。祝你的大学生活顺利，度过一段愉快且充实的人生旅程！

王　敏

拖延一时爽，DDL① 忙焦头，
如何治好"拖延症"?

进大学一年多了，我的学习状态一直在走下坡路，尤其在完成任务方面，变得越来越拖延，DDL 前连续熬夜成了常态，明明之前有很充足的时间，但就是没有动力做事情，最后呈现的效果也不好。我心里很痛苦，想改变，但是无从下手，我该怎么摆脱自己的"拖延症"?

拖延症在大学生活中并不少见，许多同学受此困扰。有人认为拖延症就是时间管理问题，其实并不然，它在更深层次上关联着我们的情绪、认知，当我们审视内心深处，会发现其根本原因往往源自我们对结果不确定性的恐惧以及对自我能力的质疑。大

①　DDL，网络流行词，deadline 的英文缩写，最后期限，一般指某项任务截止的最后期限。

学生活常常充满了课程作业、科研竞赛和校园文化活动。如果缺乏正确的心理认知、及时的情绪调节、明确的时间规划，很容易陷入拖延的陷阱中。

观察拖延发生时的内心感受和具体原因，我们发现产生拖延症的原因可以归结为三个主要方面。

一是负面情绪强。完美主义倾向往往是制造拖延症的重要原因。我们会害怕任务过于艰难，或者担心自己无法胜任，这种担忧可能阻碍了我们迈出第一步。在面对任务时容易感到焦虑、沮丧或压力重重。而拖延则可以在某种程度上逃避或缓解这些负面情绪，减缓压力和负面情绪带来的影响。

二是认知不清晰。我们可能会难以确定任务的优先级或截止日期的紧迫性，或者过于乐观地估计完成任务所需的时间，从而导致拖延。有时，我们的"感觉时间"和实际时间差距如此之大，以至于明明过去了好几个小时，我们却感觉像是"一瞬间"。

三是外部约束少。与中学阶段不同，大学生活缺乏强有力的外部约束。失去了外在的管控，同学们可能会沉迷社交媒体、游戏等娱乐方式，更难以集中精力完成任务。此外，注意力不集中或自我控制能力不足可能导致同学们选择进行短期满足而非长期目标。

其实，我们每个人在成长过程中都尝试过克服拖延症。在了解了它的成因之后，我们也可以更有针对性地对症下药，从以下三方面入手解决问题。

第一，积极自我对话，驱散负面情绪。

要克服心理障碍，首先需要识别和接纳这些负面情绪，并尝试分析它们是否合理。每个人都有负面情绪，因为这些情绪通常会让我们感觉不舒服，所以相比于正视它们，人们通常会选择忽略或回避这些情绪。但这真的有效吗？相信你的内心也一定有了答案。所以，当我们陷入拖延的时候，花一些时间好好梳理内心的感受，与这些情绪相处，可能会发现并没有想象中那么可怕。在克服这些心理障碍时，积极的自我对话非常有帮助，我们可以经常性地自问："我真的不能做好吗？"有时候会发现，我们的担忧是过于夸大的。如果总是追求完美，就会陷入无法开始的困境中。我们要学会接受自己的不足，明白每个人都会经历失败和不完美的时刻，把注意力集中在每一点进步和改善上，而不是短暂的不足，这有助于建立更积极的心态，逐渐摆脱拖延症的困扰。

第二，学会分解目标，做好时间管理。

首先，要学会设定明确的目标。这不仅有助于提高效率，还能激发自身内在的动力。将大的任务分解成小的子任务，并为每个子任务设定明确的截止日期，有助于更好地掌控进度。比如，在面临一项大作业时，可以将其划分为资料收集、大纲制定、草稿撰写等多个阶段，分步骤列成任务清单，逐步完成每个阶段。

在实施过程中，可以应用时间管理技巧辅助进行任务跟进。例如，使用"番茄工作法"，将工作划分为 25 分钟的时间块，每个时间块结束后休息 5 分钟。在每个时间块内集中注意力完成任务，在休息时间内充分放松。这种方法有助于逐渐培养起更好的工作习惯，减少拖延的可能性。

第三，建立外在支撑与自我奖惩机制。

在应对拖延症的过程中，一个有力的外部支撑系统有助于获取源源不断的前行动力。你可以寻求心理咨询中心专业咨询师和辅导员的专业指导和建议，与朋友、家人保持密切联系交流，以更好地理解和应对拖延带来的心理压力。同时，自我奖惩机制也是一种有效的策略，每天早上花一些时间列出当天的任务清单，明确自己要做什么。在完成任务后给自己一些小的奖励，没有按时完成任务则设定一些惩罚，以此来激励自己，逐步养成自律的良好习惯。在克服拖延症的过程中，要时刻牢记，改变是一个逐步的过程，不要期望立即看到巨大的变化。每一次积极的尝试都是朝着目标前进的一步，每一次挫折都是学习和成长的机会。

　　克服拖延症需要耐心和坚持，每个人都有自己的节奏，不要对自己过于严苛。改变是一个渐进的过程，每一步都是朝着成功的方向迈出的一步。保持积极的心态，相信自己的能力，你一定能够克服拖延症，实现更高效、更有成就感的学习生活。

陈嘉翌

如何应对考试焦虑?

我是一名大三的学生。平时我状态挺好的,但是一到考试我就特别焦虑,紧张得睡不好觉也吃不好饭。焦虑又导致我没办法更好复习,甚至想躲避考试,越躲避就越焦虑,感觉自己陷入了一个怪圈。我想知道,如何才能减缓我的焦虑情绪呢?

大学生产生焦虑情绪是很普遍的,正常的焦虑情绪可以促进我们更加仔细谨慎地处理问题,但长期和过度的焦虑会威胁到我们的身心健康,需要被重视。大学生在校的成绩通常都是通过考核、考试来进行衡量。在考试情境下,由考试刺激引发的心理状态就被称为考试焦虑。考试焦虑以担忧为基本特征,表现为防御或逃避的行为方式,并通过不同程度的情绪反应表现出来。

考试焦虑主要表现在生理、心理和行为三个方面。生理方面包括心率加速、血压升高、肌肉紧张、手足发冷出汗、胃肠系统活动减弱等表现。在心理方面，受考试焦虑影响的大学生通常表现出消极被动、情绪低落的状态，难以集中注意力在学习和复习任务上。他们担心考试成绩不理想带来的严重后果，面对复杂的知识感觉无能为力、不知所措，甚至对周围的同学产生敌意。行为上，考试焦虑的大学生有两个明显的行为反应。一是拖延，表现为反复推迟学习计划，导致焦虑情绪加剧；二是逃避，即不想参加考试。尽管表面上看个体短暂地离开了考试情境，但考试并没有因此取消，因此焦虑情绪可能会变得更严重。

大学生考试焦虑的原因多种多样。从生理角度来看，有的人的神经系统敏感性强，极易对环境刺激产生紧张反应，从而容易产生较强的考试焦虑。此外，身体健康状况良好的人情绪稳定，能够对考试做出积极反应；而身体状况不佳的人，则更容易受考试干扰，情绪很容易波动，考试焦虑水平较高。从心理认知角度来看，有的人对考试产生了错误的认知评价，认为自己在各种考试中必须得到优异的成绩，忽略了考试只是对自己能力的一种阶段性检测，从而给自己施加了巨大压力。另一些人则对自身有着过高的评价，认为自己的能力过于出色，能够应付各类考试，却忽略了考试的难度，缺乏对考试的敬畏之心。在真正临考时才意识到自身的差距和不足。外在环境方面，家庭和学校对于个体考试焦虑情绪的产生有重要的影响作用。父母和学校对孩子成绩过度重视，唯分数的评价体系让学生难以避免地给自己施加压力。同时，周边环境中同辈的过度努力也会让学生被动地给自己提出了更高的要求，这些因素都会使学生的考试焦虑水平提高。

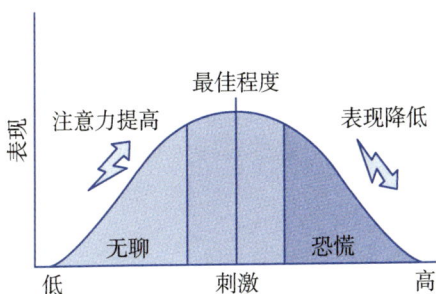

图3 耶克斯-多德森定律

焦虑情绪不是一无是处的。根据耶克斯-多德森定律（见图3），焦虑程度与学习效率之间呈现出"倒U形"曲线的关系。适当的考试焦虑可以促进学习效率的提升，有利于学习任务的完成。但焦虑过度就会产生相反的作用。因此，对待考试焦虑，我们也不能全盘否定，而要学会巧妙借用焦虑，完成目标。

在了解考试焦虑的概念、表现、产生原因之后，我们又该如何缓解考试焦虑，让焦虑情绪处于对自己有利的程度呢？我们不妨来学习一种调节的方法，让自己在放松情境中逐渐克服过度的焦虑情绪。这种方法能够对焦虑起到一定的缓解作用，但如果在尝试和体验的过程中感到有任何不适，你都可以随时停下。

在整理好情绪后，你要做的是将自己的考试焦虑情境进行等级划分，设置成10个左右小的焦虑情境，并按照焦虑等级逐级排列。例如，我们可以把考试焦虑划分成"考试交卷时""交卷前15分钟""考试答卷时""考试前三天""考试周来临"等让你感受到不同程度焦虑的情境。在这个过程中，最重要的就是：你

273

要设定一个自己完全放松的情境。你可以选择一个舒服的位置坐下或躺下，调整身体达到最舒服的状态，让全身肌肉变得松弛，闭上眼睛想象一下，最放松的是什么样的画面，然后记住这种画面和舒服的状态。完成这些准备后，你就可以开始进行焦虑的调试了。

实际操作共分为三步。

第一步是放松，回忆起那个舒服轻松的状态，感受全身放松的感觉，并记住这种感觉。

第二步需要你勇敢地尝试与焦虑情绪待一会，在安静的环境中，想象自己处在设定好的焦虑情境中。一般每个情境需要保持30秒左右完全进入角色状态。如果出现不适，可以回到放松的情境中，直到达到最高级别的情境也不会出现过度的焦虑情绪，身心能够忍耐为止。

第三步是寻找契机，借助各类学校的考试机会，在真实的情境中去适应，同样是从最低等级的训练开始，逐级提升，直到焦虑情绪缓解，不再影响自己的正常生活和学习状态。如果体验下来感觉还不错，建议你每天坚持去主动拥抱自己的焦虑情境，但每天提升的焦虑等级最好不超过三种，并在开始时一定要进行放松，让自己完全松弛下来。

此外，大学生还可以通过与认知能力结合来缓解焦虑情绪。例如，我们可以尝试改变自己对于考试和考试成绩的认识评价，以及对于他人在考试周复习状态的认识和理解。不拘泥于考试分数对自己的影响，而将考试看作对自己能力的一种检验。有进步则继续努力，有差距则吸取教训，不过分追求高分，而是在进步中成长。如果尝试以上办法后仍感觉焦虑情绪困扰自己，可以考虑寻求学校心理咨询中心专业心理老师的帮助。心理老师将根据实际情况采取更加专业的心理治疗技术来缓解你的焦虑情绪。

周秉卿

沉迷游戏无法自拔，
如何提高自制力？

最近我发现，进入大学之后我的自制力越来越差。刚进入大学的时候我每天下课之后会去自习，晚上回到寝室后短暂地刷会儿视频、玩会儿游戏。现在每天满脑子都是游戏，上课的时候也会控制不住自己看游戏视频，下课后回到寝室就开始玩游戏，非常影响我的学业，请问老师我该怎么避免这个问题呢？

游戏成瘾问题在大学里并不罕见。作为一名学生，当游戏时间远远超过作为本职的学习时间，并且很难做出调整，甚至影响到学业表现时，同学们也会困惑不已，不禁反问"我到底怎么了？""我的自制力为什么这么差？"在回答自制力问题之前，我们先来看一看，为什么游戏会有如此大的吸引力。

游戏这一概念由来已久、内容广泛。德国诗人和剧作家席勒认为，游戏是人们创造的一个自由的世界，这种创造活动源于人类的本能。《游戏的人》作者赫伊津哈认为，游戏是文化中的固有成分，游戏中竞赛精神和休闲精神也是社会发展所需要的。由此可见，游戏不是毒品，它有其本身的作用。只是随着电子游戏、网络游戏的发展，游戏突破了场地和人员的限制，变得更容易获得——哪怕是和陌生人，也可以随时开启一场游戏。这也为沉迷游戏提供了更为便利的条件。

每一个游戏都经过精心设计以吸引更多玩家。在这里我们要提到一个概念——心流理论，这也是游戏设计中最常用到的理论之一。心流理论，是指个人将精神完全投注在某种活动中时会产生高度的兴奋感和充实感，这种感受就是心流。在心流状态下，人会觉得时间过得很快，获得较高的满足和乐趣。创造心流有三个条件：明确的目标、及时的反馈、与能力相匹配的挑战。而游戏设计中也常常包含这三个特点：游戏中的成就系统，给予玩家只要努力就能获得成功的承诺；设置关卡，由易及难，玩家可以从最简单的操作上手，并在过程中不断提升技巧和能力；每个关卡时长有限，玩家很快就会获得反馈。设计者们正是利用心流理论让玩家更容易上瘾（见图4）。

认识了游戏的成瘾机制，我们又该如何通过提升自制力来防止沉迷游戏呢？为了回答这个问题，我们首先要了解到底什么是自制力。"自制"可以理解为自我约束，自我约束有很多层面："知足不辱，知止不殆"讲的是面对欲望时的自制；"绳锯木断，水滴石穿"讲的是数十年如一日般坚持的自制；"老骥伏枥，志在千里；烈士暮年，壮心不已"讲的是面对客观不足仍然发愤图

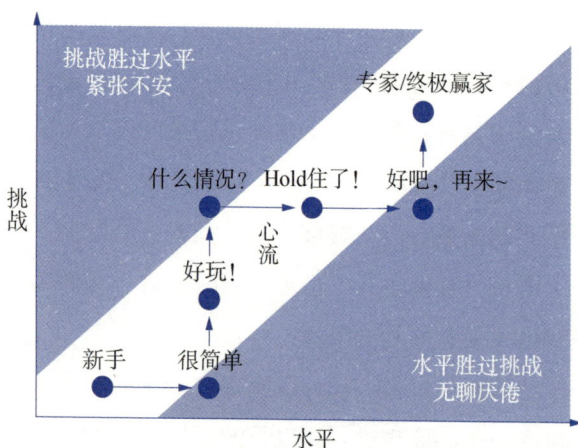

图 4　游戏中的心流应用

强的自制。自制是和人的本能相对抗，它需要强大的意志、不懈的努力和足够的耐心。当加上一个"力"字，我们就可以把它理解为一种能力、一种力量。既然是力量，就可以通过锻炼提升，就好比肌肉，也是通过锻炼在一次次的"受伤—修复"的过程中变得更强壮的。所以自制力并非与生俱来，而是需要我们通过实践去慢慢培养的。

那么，该如何培养自制力？哈佛大学幸福公开课就曾提出"自制力的真相"——保证我们高效运转的其实是习惯。回想一下，对游戏的沉迷是不是在一次次打开游戏界面中逐步发展起来的？这个过程就是习惯的建立。小小的习惯竟有如此大的力量。因此，想要找回学业的自制力，更重要的是建立起学习的习惯。

当然，建立习惯并不容易。建立习惯，重要的不是做到完美，而是持之以恒。在建立习惯的过程中遇到反复也是人之常情，因此要对自己有一些耐心。那么，有什么方法可以帮助我们更快地形成习惯呢？也许你已经从前面的讨论中获得启发——尝试在学习过程中创造心流状态会让我们喜欢上学习，更愿意投入其中，从而促进学习习惯的建立。所以，我们不妨制定一个日程表，使你的目标更加明确；确保目标难度适中，是可以开始行动、能够完成的；每当完成一个小目标，别忘了给自己一个及时的奖励，可以是和朋友小聚，也可以是去看电影或吃一顿美食。我们也可以探索自己的兴趣爱好、拓展社交，比如参加社团或做一件你一直想做的事情，这将帮助你在其他方面建立一些习惯，从而逐渐取代玩游戏的习惯。

最后，也许你会发现，这些建议实践起来仍然有难度。那么，我们要分辨一下，除了游戏本身，是否还有其他原因让我们沉迷其中？我们是否把游戏当成了学习困难的避风港？或者人际联结的舒适区？……如果答案是肯定的，那么我们在提升"自制力"的同时，还要正视这些问题，才能真正从游戏中走出来。你也可以寻求专业心理咨询的支持。他们能够为你提供更加个性化的建议和帮助。

宋奕青　李云霞

本章小结

上好人生"必修课"，做一个积极乐观的大学生

在本章中，我们深入探讨了大学生在心理健康与人格养成方面所面临的种种挑战，并针对这些具体问题提供了详细的解答与建议。健全的人格和健康的心理，不仅是大学生活的"基石"，更是构建未来人生的"梁柱"，让你的每一步都坚实有力。对于同类问题，我们可以总结出以下几条普遍适用的建议，希望能帮助你更好地应对生活中的挑战，实现自我成长与突破。

1. 解锁内心：认知自我，悦纳自己

在这个快节奏、高压力的时代，我们往往容易忽视自己的内心世界。因此，首要步骤是深入了解自己，像探索一片未知的海洋一样，勇敢地揭开自己内心的神秘面纱。识别自己的情感、需求和局限，不要害怕面对自己的不完美和局限性。记住，每个人都有成长的空间和过程，接纳自己，是成长的第一步。

2. 绘制蓝图：设定目标，规划精彩

设定清晰、可实现的目标，无论是学业上的高峰，还是个人发展的里程碑，或是心理健康的小目标。然后，制订实际可行的计划，将大目标分解成小步骤，一步步向前迈进。每完成一个小步骤，你都会收获一份成就感和动力，推动你不断前行。

3. 情绪舵手：掌控情绪，扬帆心海

在追求目标的过程中，我们难免会遇到情绪波动和挫折。这时，情绪管理与自我调节就显得尤为重要。学习有效的情绪调节技巧，比如正念冥想、深呼吸、记录情绪日记等，它们就像是你心灵的避风港，让你在风雨中找到安宁。同时，培养积极的生活习惯，如规律作息、健康饮食、适量运动，它们会悄悄地为你的心理状态加分，让你更加坚韧不拔。

4. 时间魔法师：巧用时间，点亮每刻

时间管理也是一门不可或缺的学问。时间管理与优先级排序将帮助你更高效地利用每分每秒。采用时间管理工具和方法，比如番茄工作法，让你的时间像沙漏一样有序流淌。要学会区分任务的优先级，优先处理重要且紧急的事项，避免拖延的魔爪伸向你。记住，时间是公平的，你如何对待它，它就如何回报你。

5. 社交达人：寻求支持，共享成长

在这个充满挑战的世界里，我们并不是孤军奋战。不要害怕寻求帮助，无论是朋友的倾听、家人的拥抱还是专业心理咨询的引导。同时，积极参与社交活动，建立正面的人际关系，让友谊的阳光温暖你的心房，减少孤独感，增强你的社会支持系统。

一个心理健康、人格健全的大学生，能够更好地应对生活挑战，享受学习的乐趣，建立积极的人际关系，从而为未来的成功奠定坚实的基础。记住，每一步成长都值得庆祝，每一次努力都是对未来的投资。勇敢地走出舒适区，迎接属于你的精彩人生吧！

后　记

当前，世界进入新的动荡变革期，意识形态领域的交锋长期持续，一些错误思潮对大学生的影响更加隐蔽，危害不容小觑。大学生群体正处于价值观的形成期，主动回应大学生关注的热点问题并提出可行的解决方案，不断增强主流话语的影响力和传播力，是落实"立德树人"根本任务的题中要义。在此背景下，《成长有道：写给大学生的进阶指南》一书正式出版了。

本书由高校思想政治工作创新发展中心（上海交通大学）与上海交通大学大学生发展研究院联合组编。在编写过程中，得到了杨振斌、林立涛、胡薇薇、方曦、赵昕、李劲湘、周凯、叶定剑、李魏等多位领导和专家的悉心指导，为书籍的出版奠定了坚实的基础。经过项目组的充分论证，编写工作于 2023 年 4 月正式启动。项目组核心成员包括王培丞、陆小凡、吴海燕、朱春玲、季自军、李安英、宋奕青等，他们在问题征集、章节排布、体例规范、统稿校对等方面倾注了大量心血。本书的主要内容由上海交通大学 70 余名思政教师共同撰写，历经多轮案例研讨与修订润色，最终得以成稿出版。在此过程中，任祝景、陶晓红、阮海涛、许艳、吴琦、李琦、王璐怡、于爱涛、王国锋、梁茂宗、杨忞、杜琳宸、刘延、汤翔鹰、刘俊良、蒋雨航、刘森、权令伟、徐圆融、胡眸、赛福鼎·阿力木、戴雨吟、陈嘉翌、卢丹阳、赵家鑫、李明、鲁佳铭、周秉卿、朱婷飞、王智、周梦雨、张灵、胡昂等老师参与了内容研讨和文字校对等工作。同时，上海交通大学出版社的编辑老师们也为本书的出版提供了宝贵的专业意见。在此，对以上所有教师同仁表示诚挚的感谢！

本书是一部高校辅导员为学生解疑释惑的案例集，以师生问答的形式，对大学生成长发展过程中关心的热点问题逐一答复，内容涵盖学习科研、人际交往、校园生活、心理健康、生涯发展等方面。在回应这些热点问题时，辅导员坚持解决大学生的思想问题与实际问题相结合，以大学生的思维方式和话语习惯构思行文，力求回应内容能直抵学生内心，为学生思想"引路"，与学生成长"同行"，为学生发展"开路"。

由于时间紧迫、工作量较大，书中难免存在疏漏之处。如果您对本书内容有任何意见或建议，请通过以下邮箱联系我们：dfy@sjtu.edu.cn。我们将认真考虑您的意见，并在后续版本中进一步完善。

本书编写组
2024 年 9 月